让青少年受益终身的智慧游戏

荣获天津首届优秀科普作品奖

天黑请闭眼

增强观察力的思维游戏

盛文林◎编著

思考是我们揭示隐藏于事物背后规律的必要手段

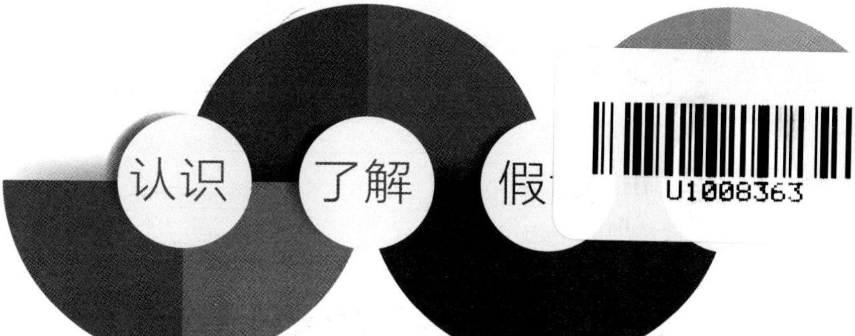

激发潜能的智力游戏

唤醒大脑中沉睡的细胞

天津出版传媒集团
天津科学技术出版社

图书在版编目（CIP）数据

天黑请闭眼：增强观察力的思维游戏／盛文林编著
—天津：天津科学技术出版社，2011.5（2020.6 重印）
（让青少年受益终身的智慧游戏）

ISBN 978-7-5308-6316-9

I. ①天… II．①盛… III．①智力游戏—青年读物②智力游戏—少年读物
IV，① G898.2

中国版本图书馆 CIP 数据核字（2011）第 062394 号

天黑请闭眼：增强观察力的思维游戏

TIAN HEI QING BI YAN : ZENG QIANG GUAN CHA LI DE SI WEI YOU XI

责任编辑：郑　新
出　　版：天津出版传媒集团
　　　　　天津科学技术出版社
地　　址：天津市西康路 35 号
邮　　编：300051
电　　话：（022）23332674
网　　址：www. tjkjcbs. com. cn
发　　行：新华书店经销
印　　刷：三河市兴国印务有限公司印刷

开本 710×1000　1/16　印张 12　字数 200 000
2020 年 6 月第 1 版第 2 次印刷
定价：36.00 元

前言

QIANYAN

常言道，耳听为虚眼见为实。眼睛是人类观察世界的窗口，每天接触成千上万的形形色色的事物，久而久之，人们便会不由自主地依赖眼睛的观察来获取信息。然而，如果不是仔细观察，仅仅匆匆一瞥，是很难保证眼睛所看到的事物是正确的。更何况，眼睛也经常会有错觉和幻觉，给人带来严重的误导。

迄今为止，人们已经设计了很多奇特有趣的图形和游戏，来挑战人眼的观察的权威。这些图形的空间转换、形状变化等，常常会给观察者带来错觉，此时，必须配合大脑的冷静思考进行准确严密的分析后，才有可能得到更可靠的答案。通过仔细的观察和大脑灵活的思考，常常得以发现事物内在的联系和独有的特点，发现数字、图形等之间的顺序和相互关系，从而提高对比分析能力，并提高观察力。

本书从图形、细节、常识、记忆、分析等五个方面入手，设计了一系列的观察力思维游戏，你可以在观察的过程中，打破思维定势，在一大堆看似无用的信息中，准确地找到最关键的解题线索，达到在游戏中提升观察力的目的。

目录 CONTONTS

第二部分　细节分析类观察游戏

第三部分　经验常识类观察游戏

第四部分　视觉记忆类观察游戏

第五部分　分析洞察类观察游戏

第一部分

几何图形类观察游戏

几何图形是我们从小就接触的东西，三角形、四边形、圆形等等，他们所构成的内部和外部的关系、顺时针和逆时针的关系、连接和分离的关系等等，非常有趣和复杂。

几何图形之中，包含着很多不可能和似是而非的地方，充满了游戏的趣味，可以极大地提高我们的观察力。

门廊中的正方形

一位著名的艺术家拍了一张照片，照片上是一处非常有意思的门廊，你知道其中共有多少个正方形吗？

该怎么变

这里有 4 张同样大小的长方形纸（如下图所示），请你开动脑筋，怎样将它们变成两个正方形呢？

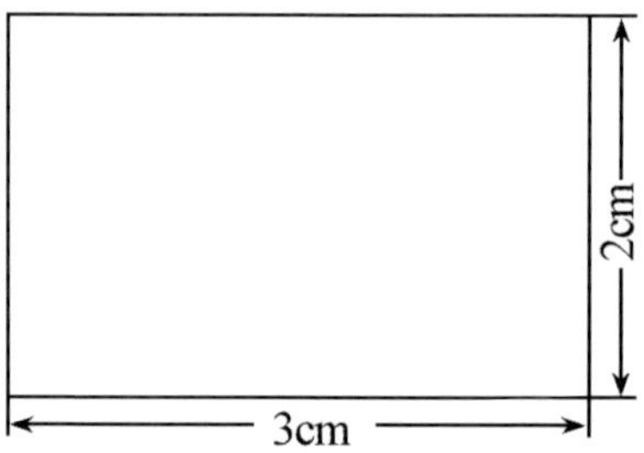

其他三幅图案

数学老师在黑板上画好了 6 幅图案，要求同学们根据已有 6 幅图案的变化规律，画出其他 3 幅图案。

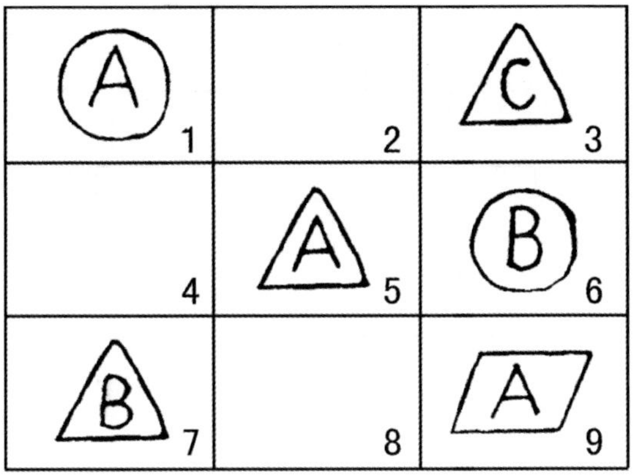

叠交圆圈

找出下列圆圈中的数字隐含的规律。

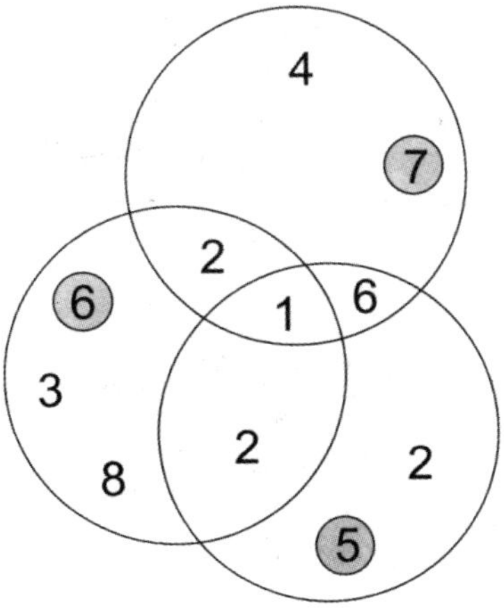

拼正方形颁奖台

如图是运动会颁奖台的平面图。你能不能只剪一刀就将颁奖台拼成一个正方形？

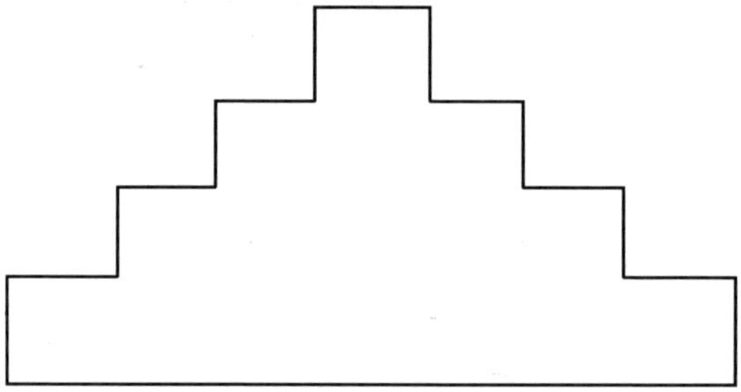

长方形

这些张牙舞爪的牙齿排成的轮廓是长方形吗？

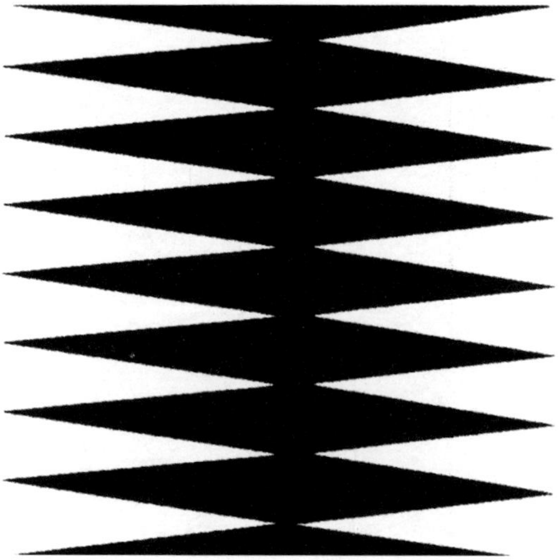

组合正方形

下面的图形中有 3 个组合在一起正好组成一个正方形，是哪 3 个？

1. A B C

2. B D E

3. B C D

4. A D E

5. A C D

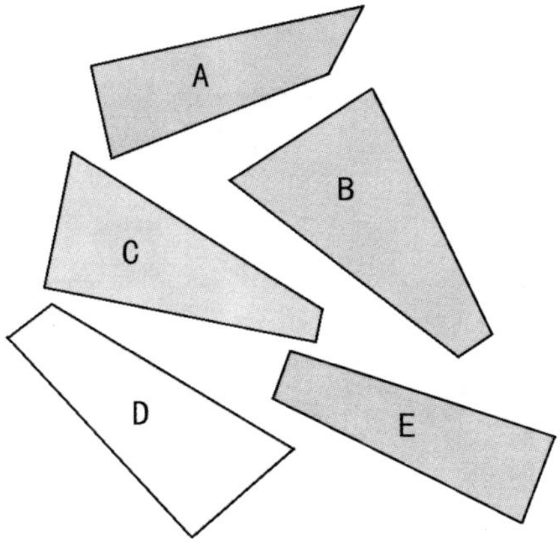

三角形的变换

请在下图中加上 3 条直线，将其变成 5 个三角形。

棋盘正方形

在一个象棋棋盘上一共有多少个正方形？你可能会想当然地说是 64 个。不要忘了，除了小的棋盘格以外，还有比它大的正方形。

你能说出这个棋盘上正方形的总数吗？

你能找到一种计算大正方形（边长包含 n 个单位正方形）里所含的所有正方形的个数的公式吗？

下面让我们把视线从正方形和六边形转移到三角形上面来。六格三角形是由 6 个大小相同的等边三角形组合而成的多格拼板。

比较长短

数学课上，老师在黑板上画了两个正方形和两条对角线，请你比较一下。

（1）哪个正方形面积更大？

（2）两条对角线哪条更长？

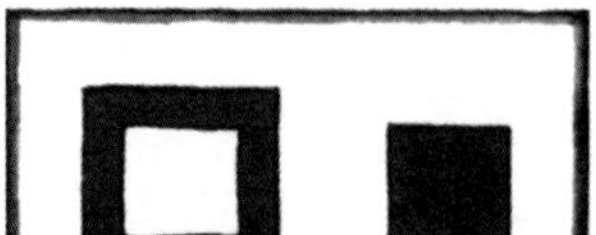

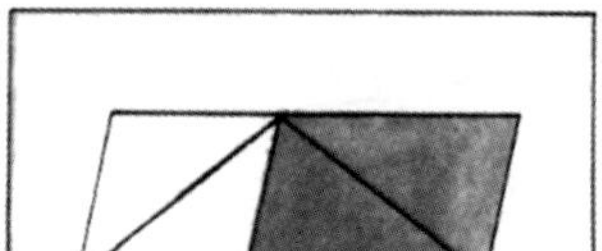

三角图形

如图所示，多边形缺少了一角。从 A、B、C、D、E 中找出正确的选项补充完整。

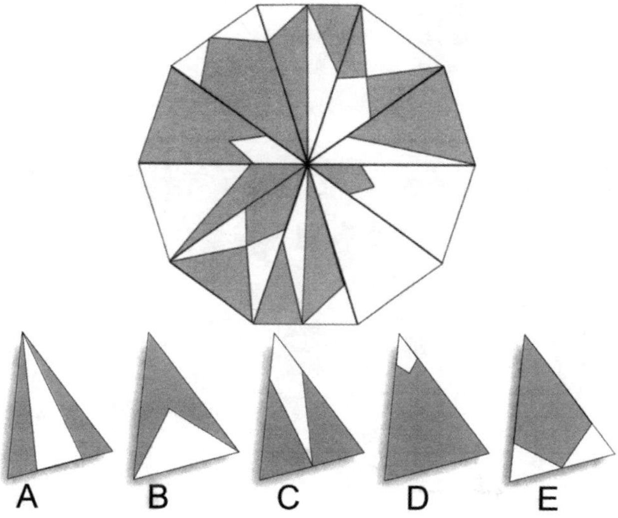

路透斯沃德的不可能的三角形

这是瑞典艺术家奥斯卡·路透斯沃德创作的一个不可能存在的三角形，你是否能把它的不合理之处说清楚呢？

该填哪个图形

仔细看下图，每个图形都有固定的值。请你找到其中的奥秘，推断出问号处应该填写 A、B、C、D、E 中的哪一个图形。

A B C D

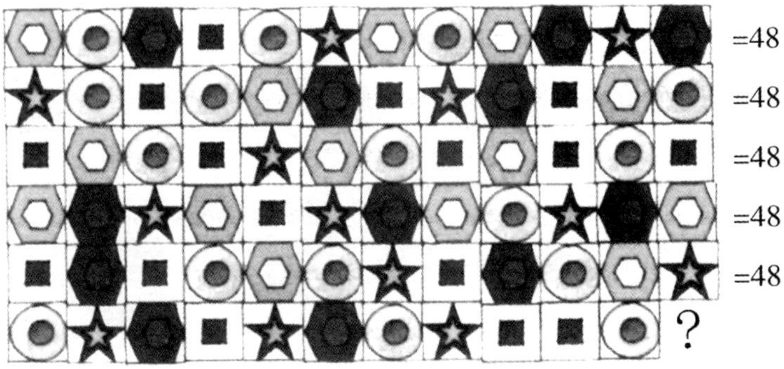

数一数（1）

请你数出下图中有多少个点，你需要多少时间？

你能在 30 秒之内完成这个任务吗？

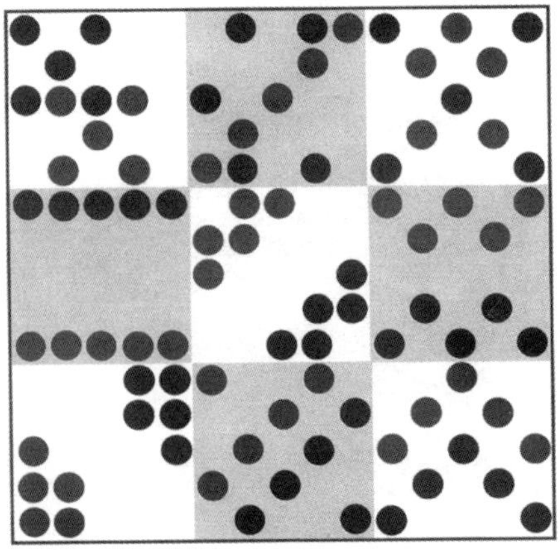

找相同

这是一个观察立方体的问题。

左面的图形和右面五个图形中的哪一个相同？

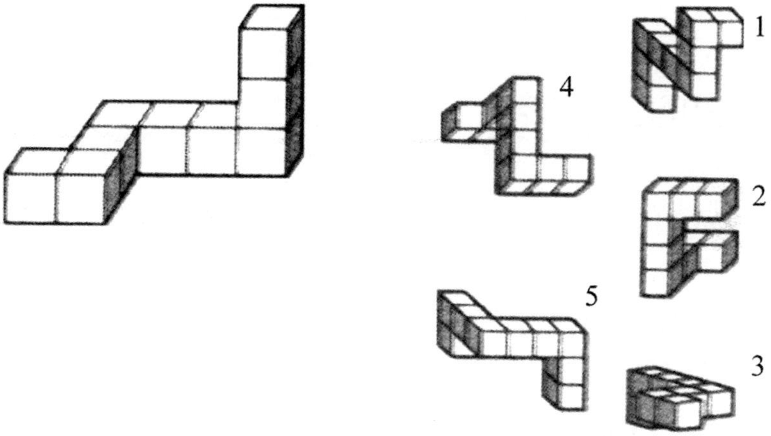

图形分类

请把下列图形分成四组。

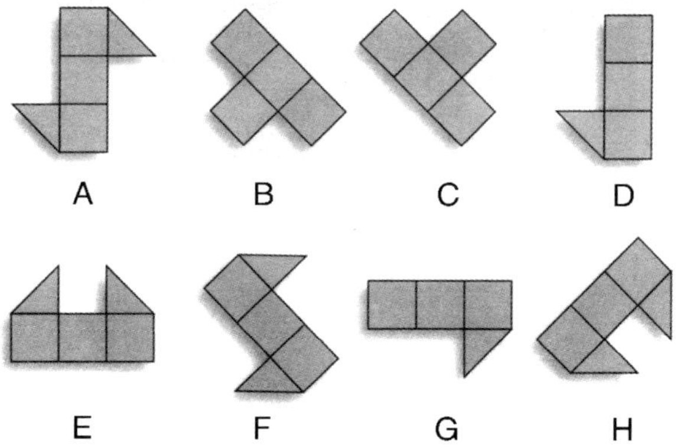

哪个线段更长

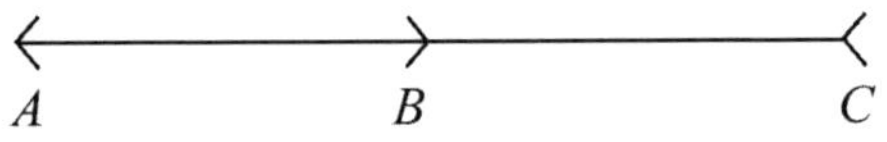

正方形里的三角形

如图所示，16 个边长分别为 1 和 2 的直角三角形组成了一个 4×4 的正方形。

你能否用 20 个这样的三角形组成一个正方形和 80 个三角形呢？

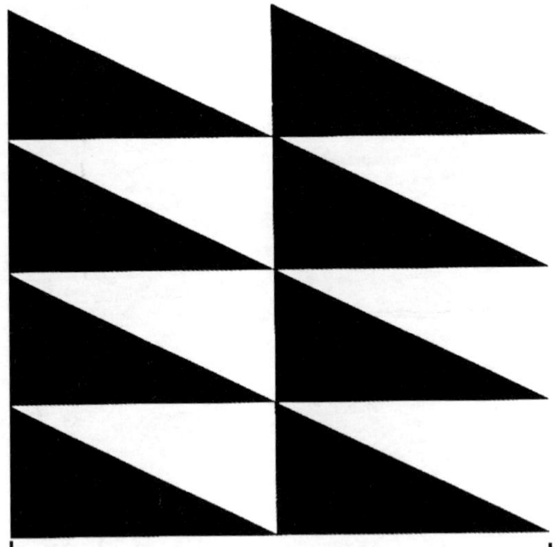

寻找三角形

在图中空白处填上恰当的选项。

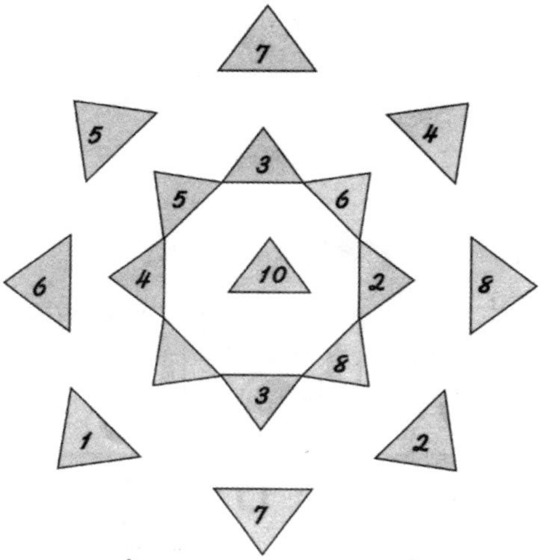

A

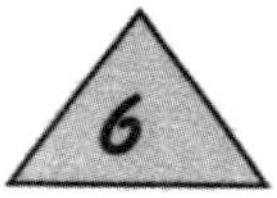

B

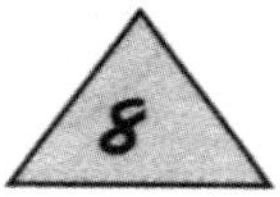

C

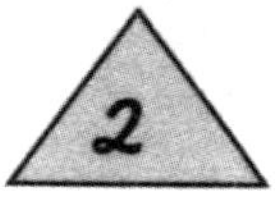

D

E

F

空间中的立方体

每一种物体从不同的角度都呈现不同的形状，这难道不奇妙吗？不管你信不信，图中的 10 个由立方体组成的形状中，3 种形状出现了 2 次，1 种形状出现了 3 次，1 种形状出现了 1 次。你能分别找出它们吗？

杜登尼的难题

杜登尼是一位数学天才，此道题目是经过他长期研究而提出的“七边形谜题”。请在图中填入 1 到 14 的数字（不能重复），使得每边的三个数之和等于 26。

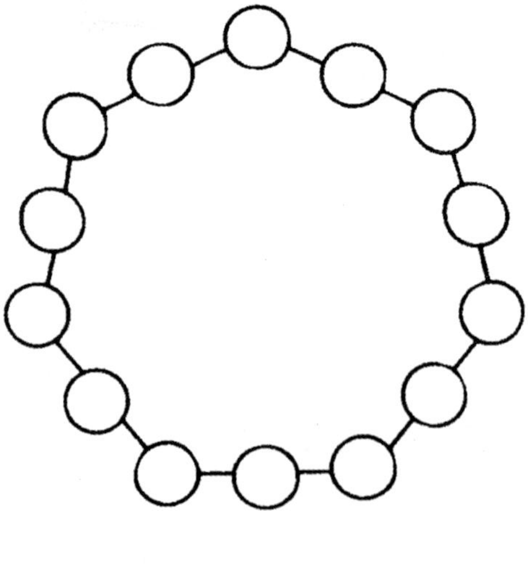

平方根

有 2 条线段。一条长度为 a，另外一条长度为 1。

现在请你画出一条直线 x，使 x 的长度等于 a 的平方根。

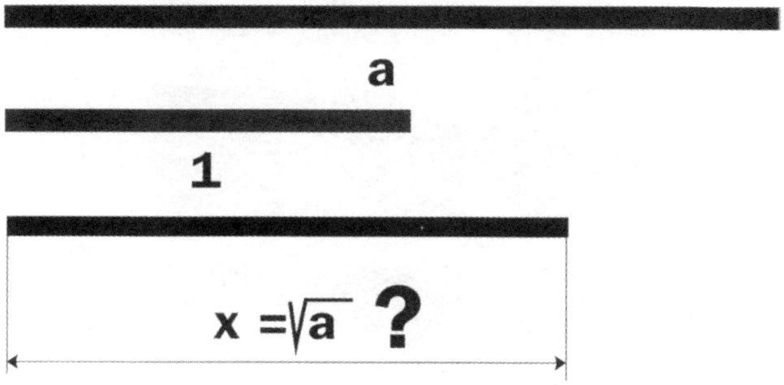

六边形幻觉

直线如果相连，会是一个正六边形吗？

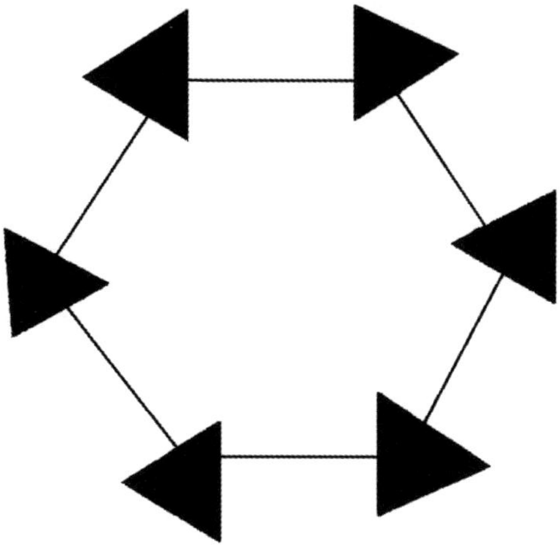

图形填空

请在最下面的空格中画出适当的图形。

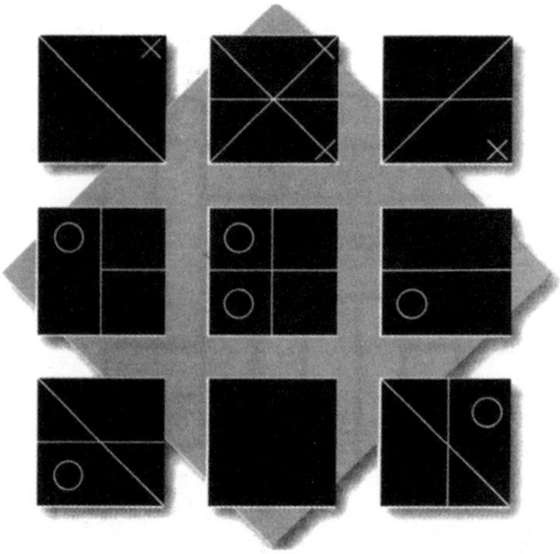

剪十字架

美术课上，老师拿着一张正方形的纸，问同学们："我们要将这张正方形剪成5块，做成一个十字架。哪位同学知道怎么剪呢？"一会儿，就有几个同学举起了手。你想到了吗？

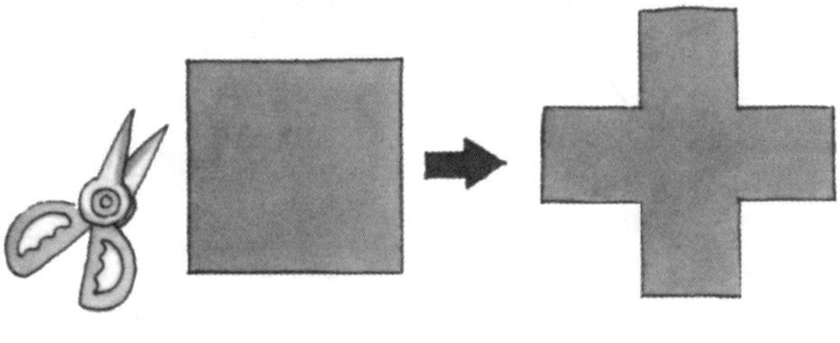

七格三角形

七格三角形是由7个全等三角形组合而成的，一共有24个。

托马斯·欧贝恩提出了一个问题：这 24 个七格三角形中有多少个可以用来铺地板（也就是说，无数个这种图形可以无限地铺下去，每 2 块之间都不留缝隙），格里高利主教证明了只有 1 个不可以。

你能把这 1 个找出来吗？

三角形错觉

哪条线看起来更长？

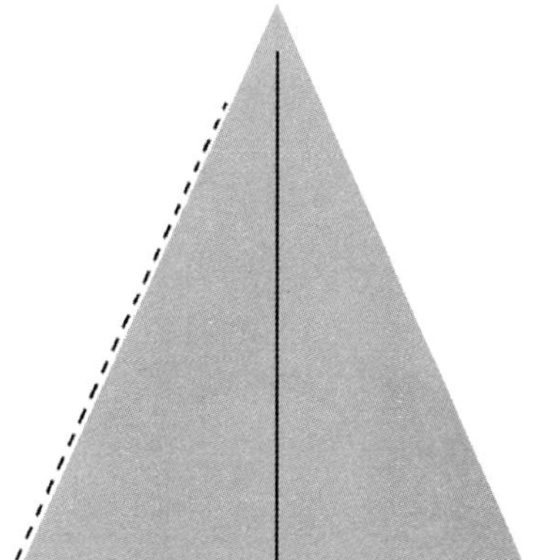

想象正方形

将一张正方形的纸进行折叠，然后如下图所示，在完成折叠的最后一个步骤之后，用剪刀剪下所折或图形的一角，如果将纸张打开，所得到的正方形将会与哪一个选项类似呢？

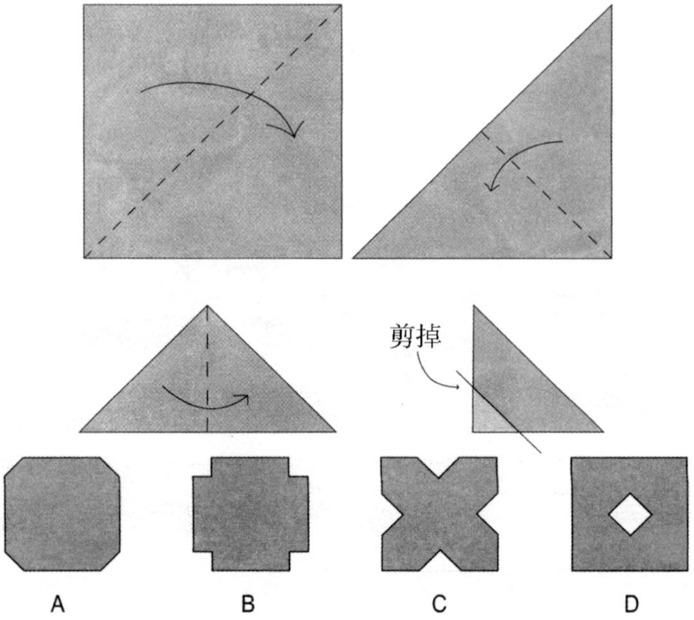

只剪 3 刀

下图是一块像钳子形状的铁片，请你只剪 3 刀，拼出一个正方形来。

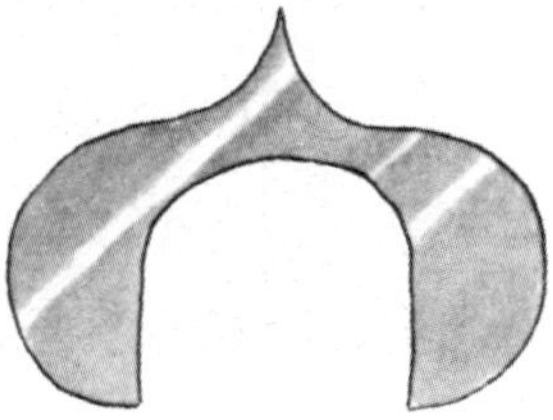

数字哑谜

请在图中问号处填入适当数字，并解释其各个图形分别代表什么数字？

□＋◇－☆＝6

☆－△＋□＝3

◇×□×☆＝140

◇＋☆＋□＝?

分割图形

老师拿一幅图片（如右图所示）问同学们：“谁能用一条线将这个图形分成两个三角形呢？”小明想了想，就举起了手。你想到了吗？

正方形还是长方形

请你注意观察一下，这个图形是比较高，还是比较宽？

六角数字

你能算出问号的地方应该填什么数吗？

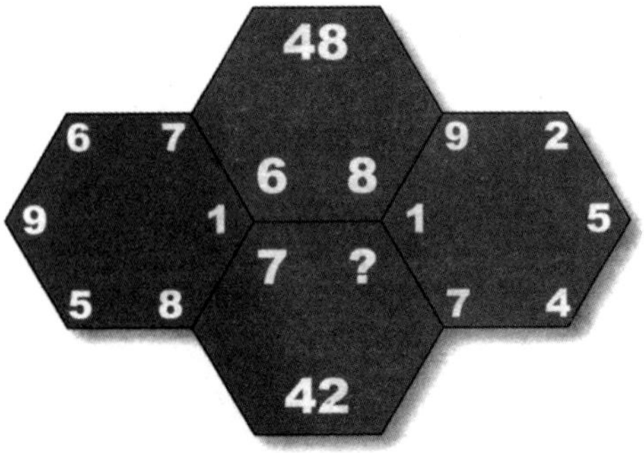

多少个等边三角形

发挥你的想象力，仔细数一数，下面图形中到底有多少个大小不同的等边三角形？

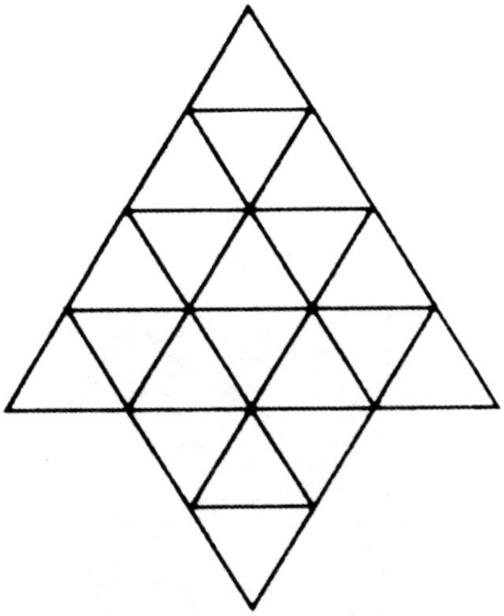

纸条艺术

你能否用一张纸条折成上面的形状？这张纸条至少需要多长？

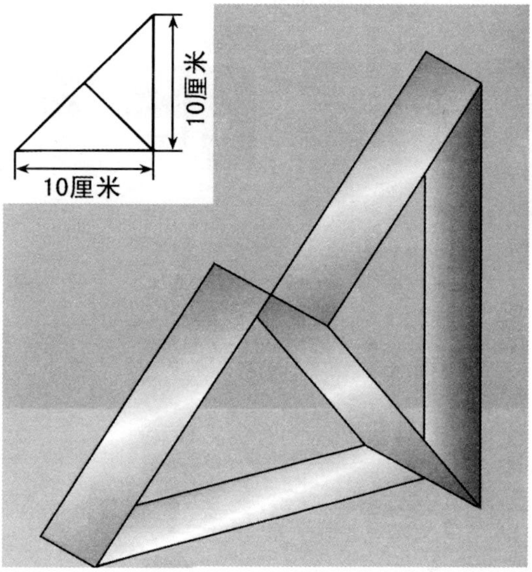

角度排序

小青和小刚一起做家庭作业，他们为图中角的大小争论起来。小青感觉有些角大，有些角小，小刚则坚持认为这些角都一样大。你能帮他们将下图中的角按角度从小到大的顺序排列起来吗？

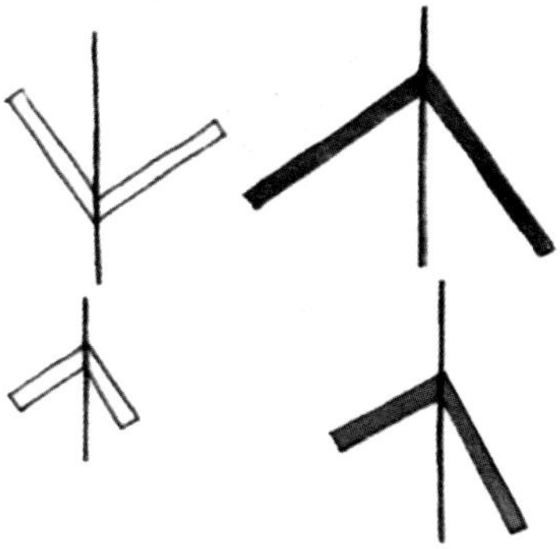

12 个五格拼板

下面是 12 个五格拼板，你能否将它们正好放进下页的表格中，只留下中间 4 个黑色的格子？注：允许旋转拼板。

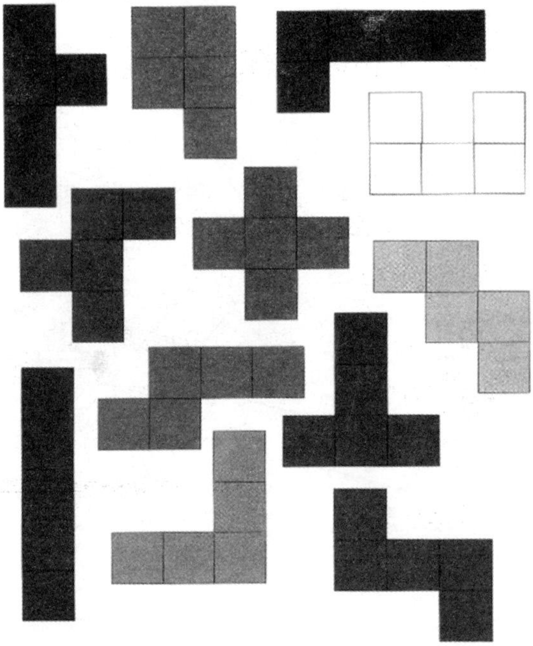

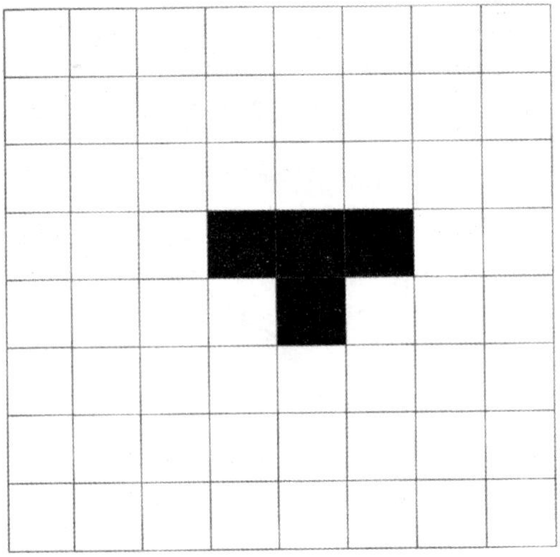

这是直线吗

图中的线条看上去很弯曲，是这样吗？

找图案

下一个图案是什么？

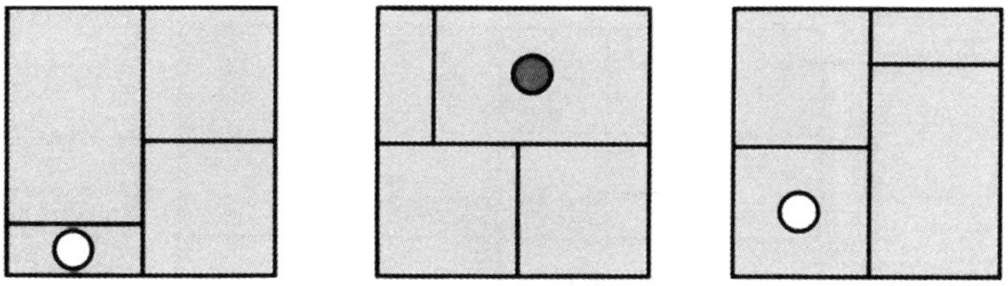

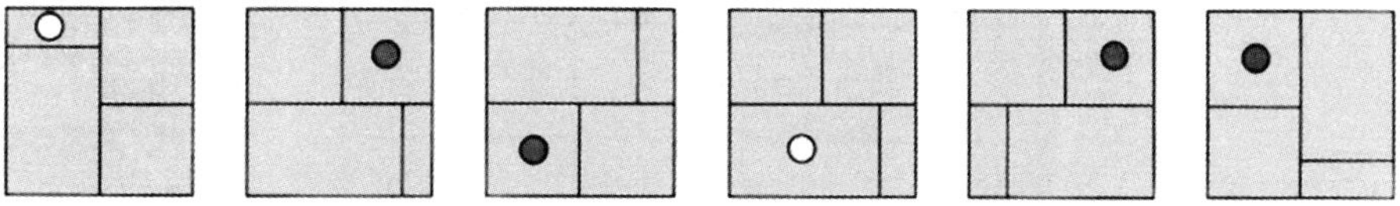

A　B　C　D　E　F

哪个圆在上面

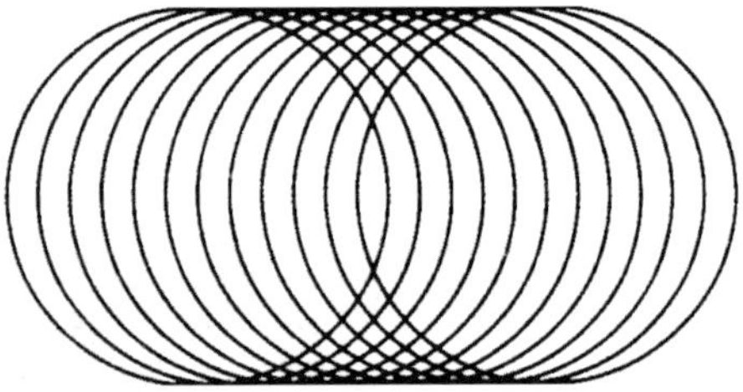

左边的圆在最上面吗？还是右边的圆在最上面？

你做得到吗

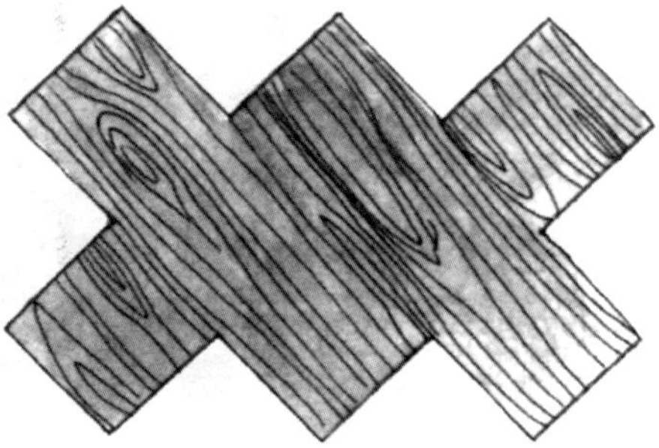

有一天，爸爸拿回家一块形状奇怪的木板（如右图所示）。威威好奇地拿着木板看来看去，爸爸问威威："如果只能锯两次，你能将这块木板拼成一个正方形吗？"威威左思右想，也不知道该从哪里下手。快来帮帮威威吧！

填　数

要完成这道题，最后一个正方形中，问号部分应该换成什么数字？

3		23	6		7
	41			28	
7		8	2		13
4		19	14		3
	45			47	
17		5	11		?

数图形

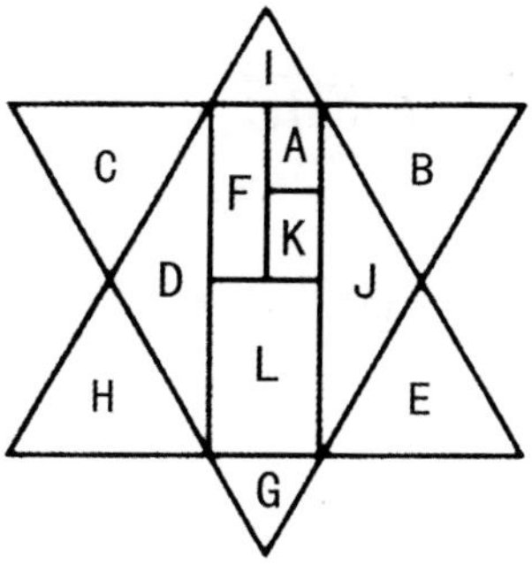

数一数，右图中的三角形、长方形和六边形各有多少个？

高度、宽度幻觉

A 和 B 各自的高度与宽度是一样的吗？

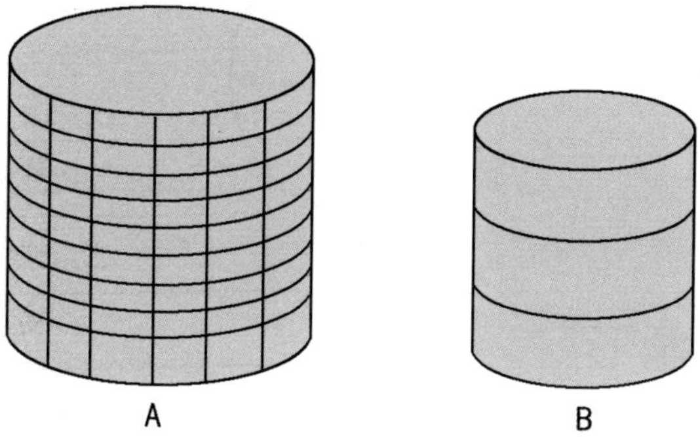

台球落点

假设这枚台球击中了球台边的缓冲橡皮垫，即图中箭头所标示的点位。如果这枚台球仍有动力继续滚动，那么最后它将落入哪个球袋呢？

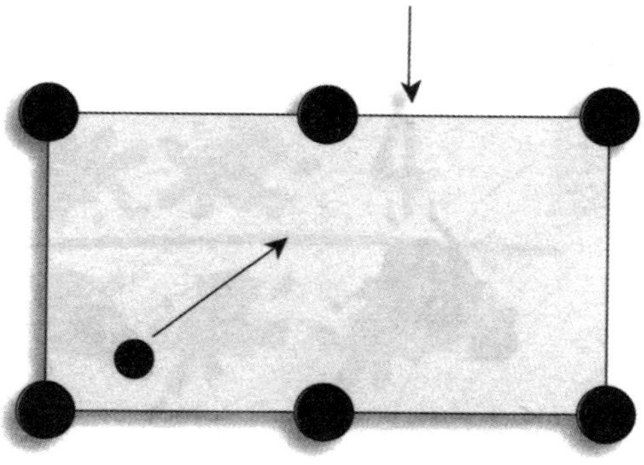

拼接图形

请你用两条直线将图中的罐状图形截成 3 份，并保证截出来的 3 份能拼成一个正方形。

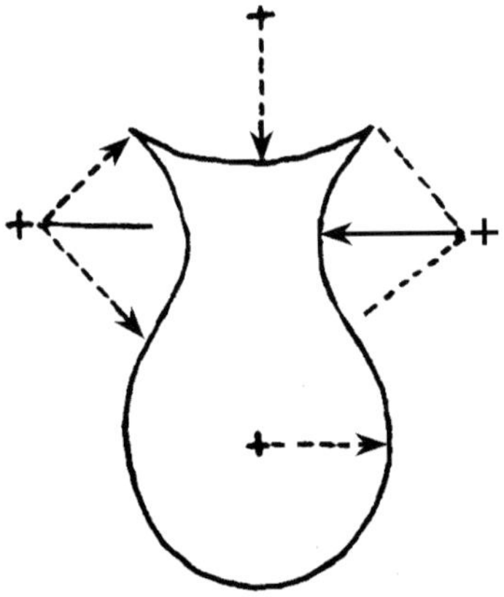

四格等腰三角形

请你用没有对称轴的 8 个四格等腰三角形和它们的镜像（加起来一共 16 个）来填满下面的正方形。

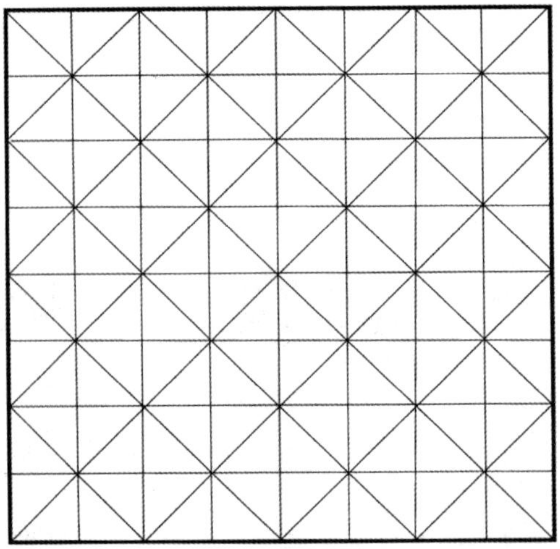

分图形

这是一道经典的几何分割题。

请将这个图形分成四等分，并且每等分都必须是现存图形的缩小版。

摆直角

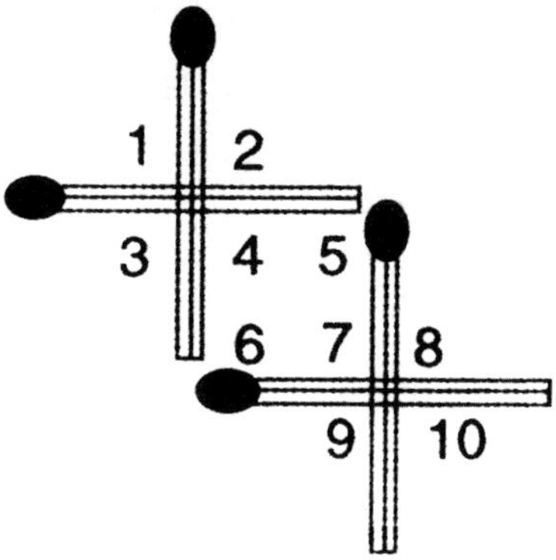

看右图，用 4 根火柴棍可以摆出 10 个直角，那么你能用 3 根火柴棍摆出 12 个直角吗？

填箭头

图中空白处应该填入哪个箭头？

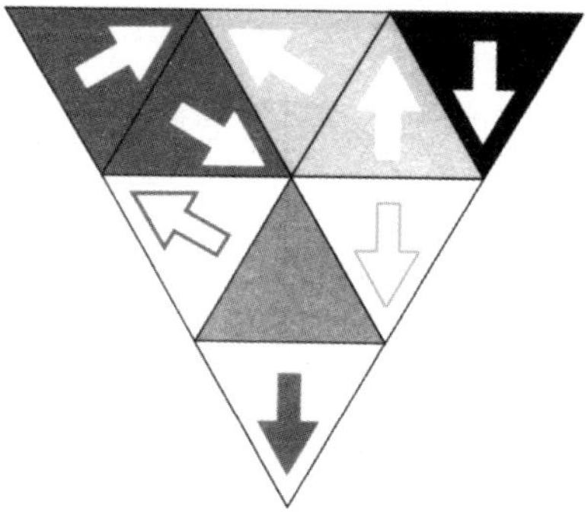

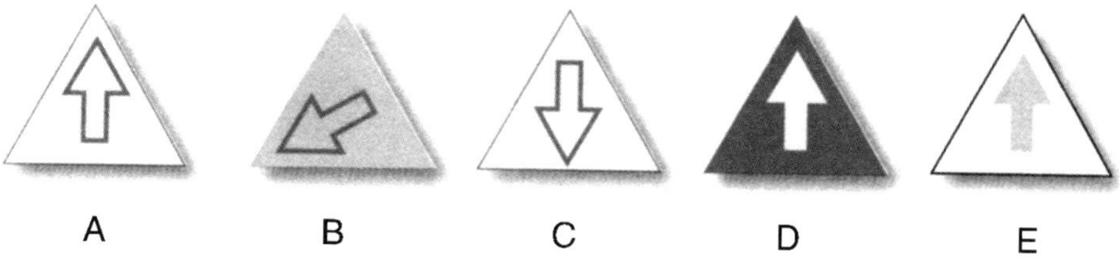

写箱子

王先生和搬家公司商量好明天搬家。晚上，他已经将所有的东西装进了 20 个纸箱里，然后打包堆在一起（如右图所示）。这时他才想起应该在箱子外面作上标记，这样搬到新家后，才能更快地找到需要的东西。但这些箱子太沉了，他不想弄倒箱子，可有些箱子又写不上标记。请你帮王先生看一看，一共有几个箱子写不到？

分　田

北宋时的大文学家苏轼不但文采斐然，处理政事也非常成功。有一次，兄弟四人因父亲留下来的一处“工”字形田争得不可开交，田的形状如图所示。苏轼想了一个妙法就轻松地解决了这个问题，让每个人都满意地接受了他提出的方案。

你知道苏轼是怎样将这块田分成 4 等份的吗？

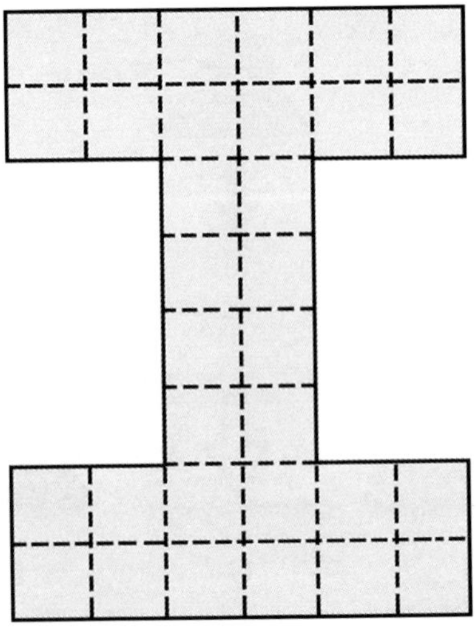

寻找正方形

哪个正方形可以取代空着的正方形？

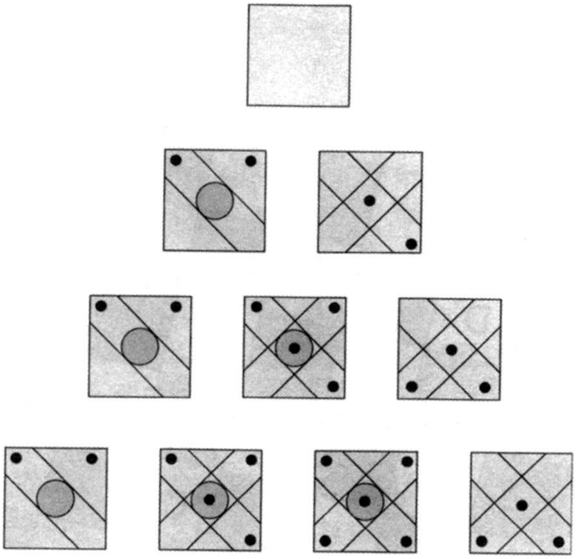

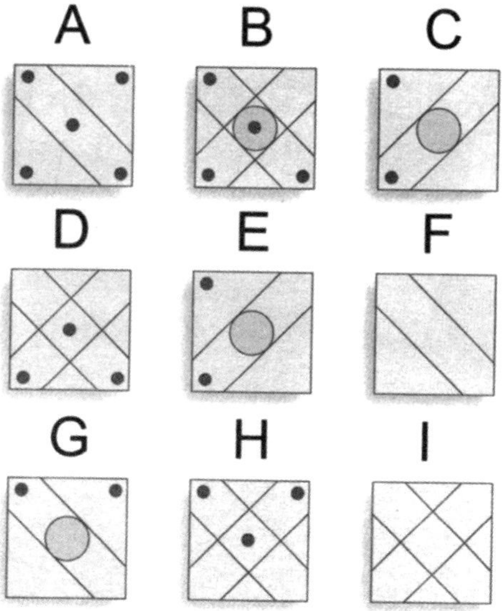

找长方形

图中一共可以找出多少个长方形？

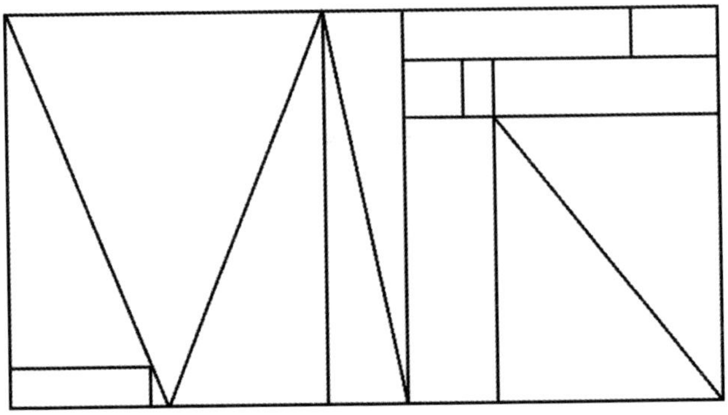

方块填空

找一找，缺的是哪个方块呢？

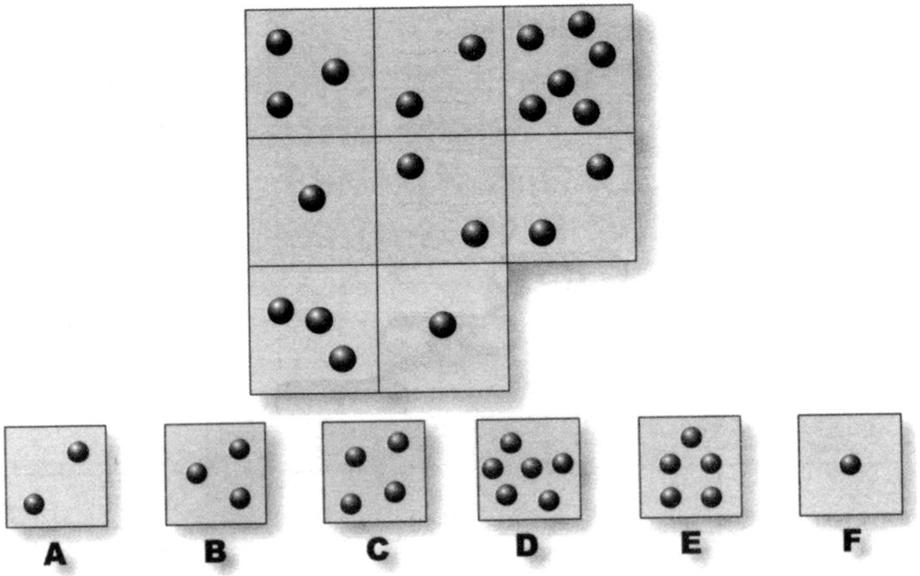

黑白圆圈

请先观察下图中上边的图形是由什么组合而成的，再在下边选项中选出与其相同的一个图形。

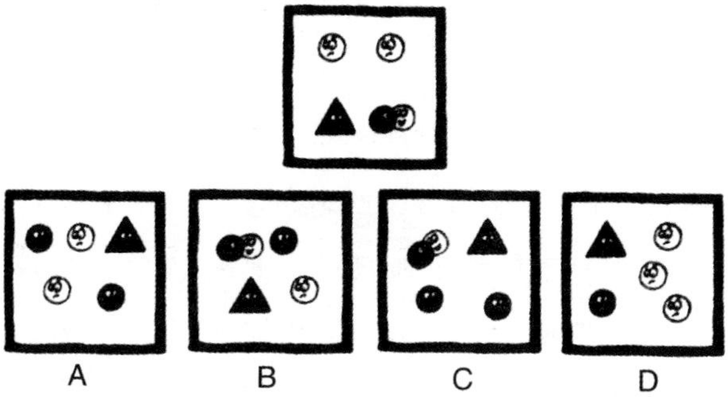

五格拼板游戏

你能否将 12 个五格拼板放进这 6 个表格中，只留下黑色格子的部分？允许旋转拼板。

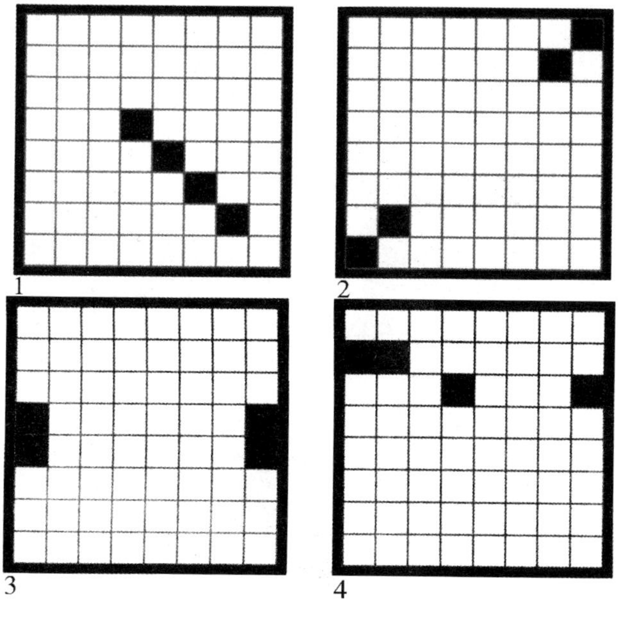

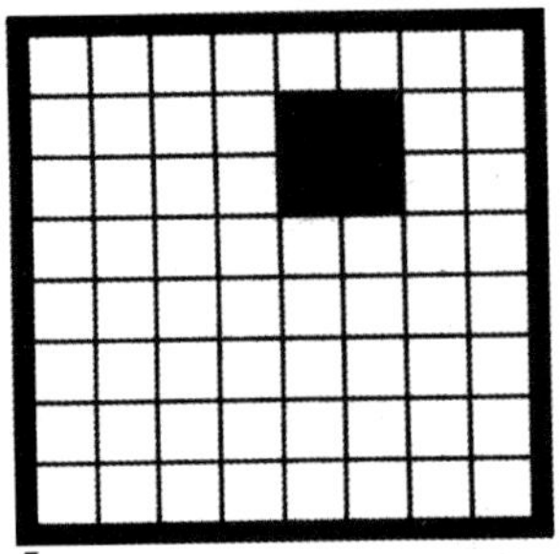

5

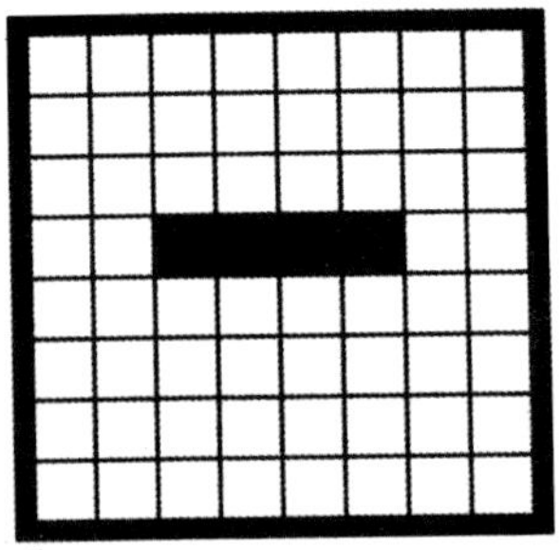

6

分割梯形土地

有一次，村长检查村子里的土地状况。他来到一块梯形土地（如右图所示）旁边。这块地上种着 4 棵樱桃树。如果村长要将这块地平均分给 4 户农民，且保证每块地上都要有一棵樱桃树，应该怎样分配才公平呢？

五格拼板的 1/3

你能在上面 4 个图形里面分别画上 3 个五格拼板吗？12 个五格拼板中每个只能使用 1 次。

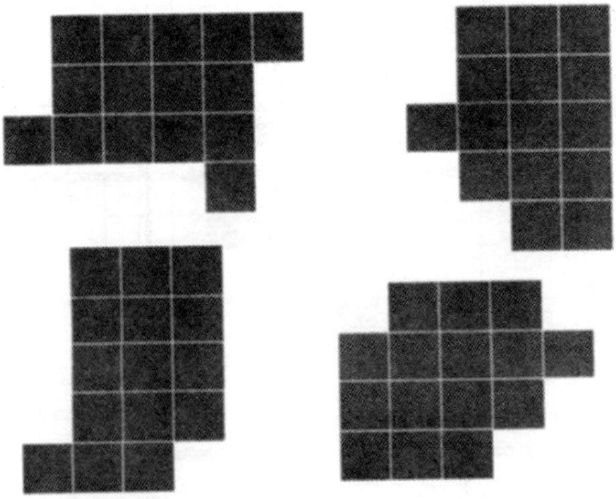

找出最长的竖线

你能从这些流动的竖线中找出最长的一条吗？

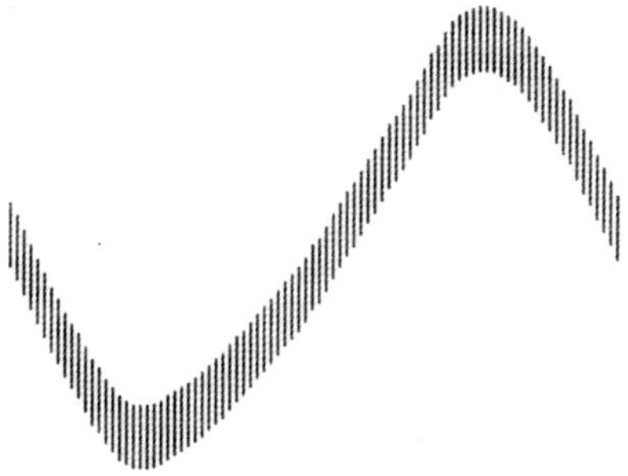

多米诺骨牌

猜一猜，问号处多米诺骨牌的点数应为几？

排　数

想一想，问号代表的数是多少？

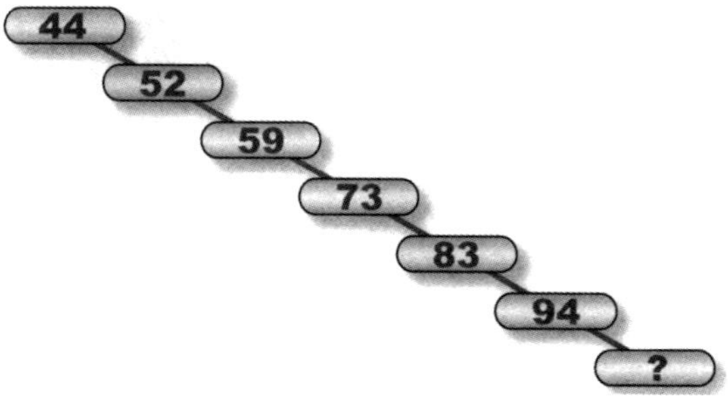

分割图形

请将下图分成 4 等份，要求每一等份仍要保持现在的图形形状不变。你能做得到吗？

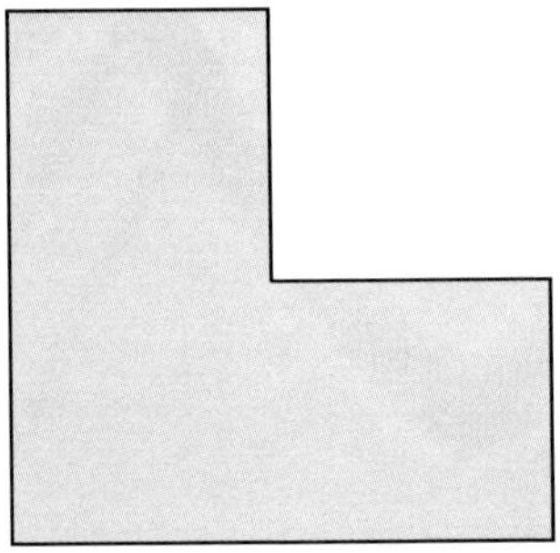

纸条构成的五边形

如图所示，将一张小纸条打一个结，打结处形成了一个正五边形。

如果将纸条的两端粘合起来，就形成了一个闭合的表面。请问这个表面有几个面和几条边？

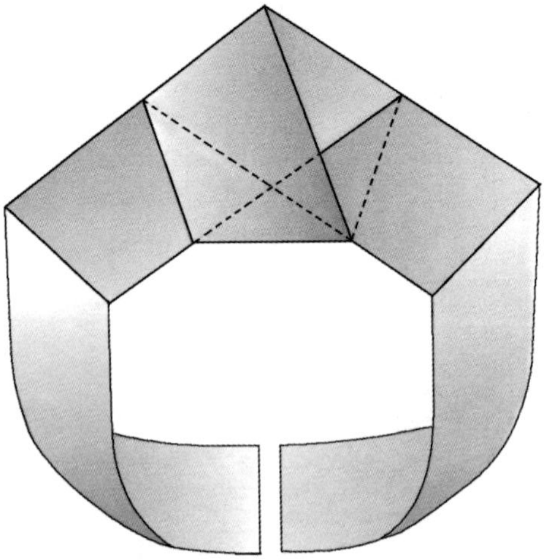

倾斜的线

数学与我们的日常生活息息相关。请你仔细观察下图中竖直的线，它是倾斜的吗？

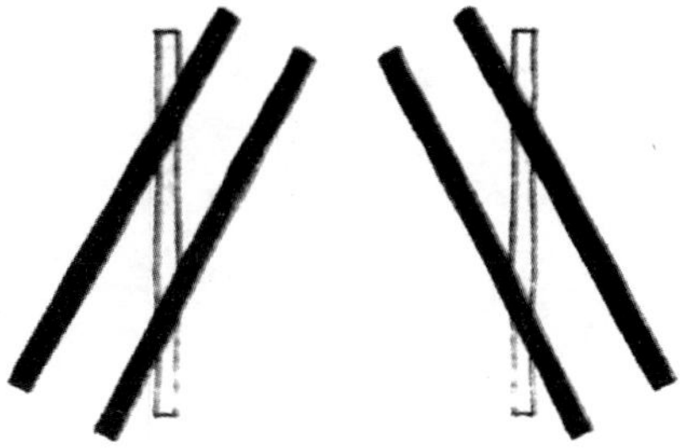

三角形面积

图中正方形的边长为 6 个长度单位，已知三角形覆盖了正方形 1/2 的面积，正方形覆盖了三角形 3/4 的面积。请问三角形的面积是多少？

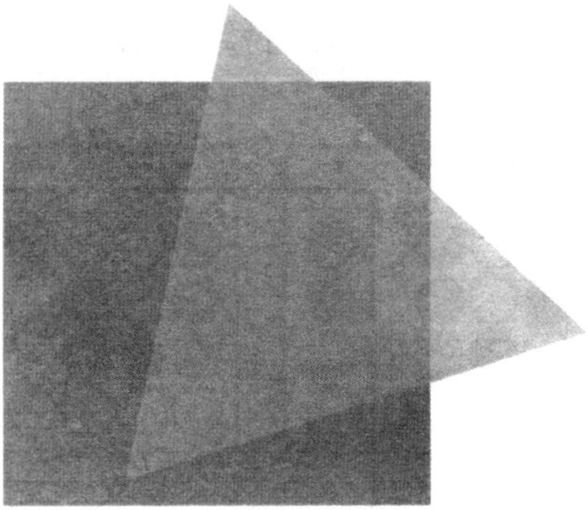

平均分割土地

你能将下图中这块形状奇怪的土地划分成大小、形状相同的两块吗？

立方体上的图案

仔细观察下图，请判断下图中哪一个不属于同一立方体？

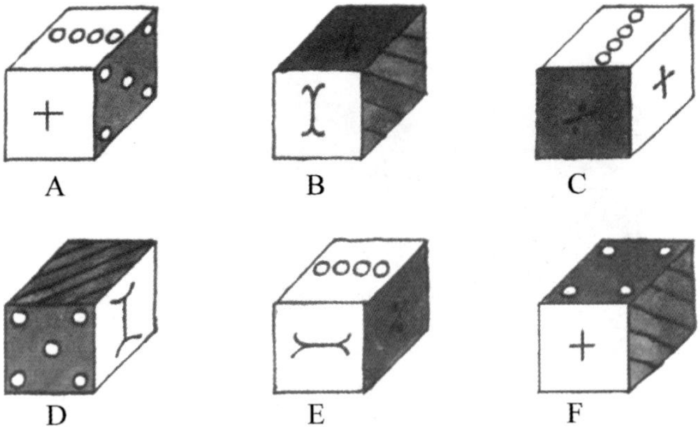

变三角形

10 枚硬币排成倒三角形，如果让这个三角形朝上，只允许移动 3 枚硬币，该怎么移？

“14 个”正三角形

如图，有 4 个正三角形，你能否再添加一个正三角形，使之变成 14 个正三角形呢？

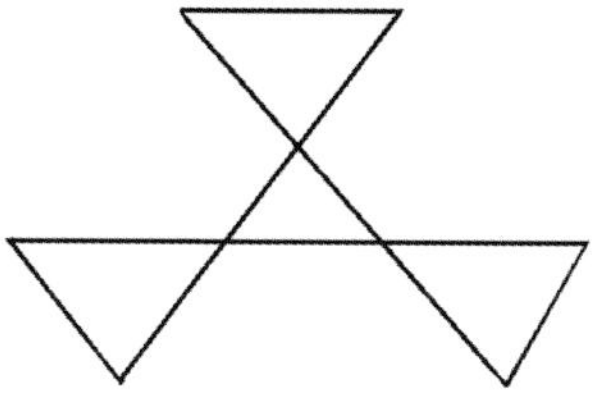

尺寸合适的木板

一过中午，太阳就直射到小方的储物室里。小方想拿一块木板将这个正方形窗子遮住。他手头只有一块长方形胶合板，正好与正方形窗子的面积相同，只是尺寸不同（正方形窗子是 120×120 平方厘米，长方形胶合板是 90×160 平方厘米）。

小方想了想，拿尺子迅速在胶合板上画了些线，然后按照画好的线将胶合板锯成两块，结果正好拼成了一块尺寸合适、能遮住窗子的正方形板。

你知道小方是怎么设计的吗？

八边形

下面标有字母的五个图形中，哪一个可以作为上面一排图形的最后一个？

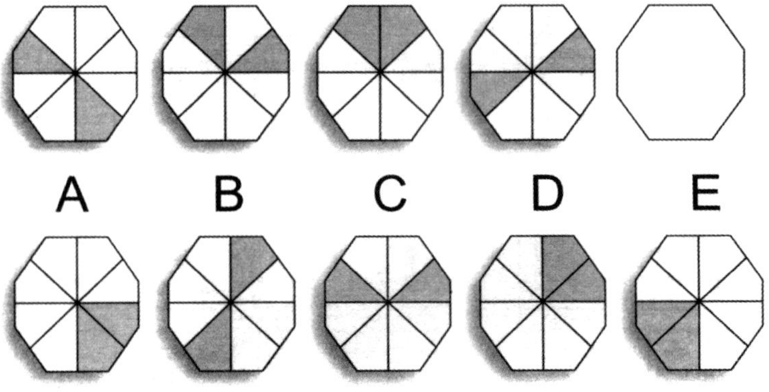

小正方形的去处

一位魔术师正在为一个月后的登台演出做准备。他将一张方格纸贴到纸板上，按图 1 画上正方形，然后沿图示的直线切成 5 小块。当他照图 2 的样子将这 5 小块重新组合成一个与图 1 同样大小的正方形时，发现在它的中间出现了一个洞！

这真是奇怪的事情！图 1 的正方形是由 49 个小正方形组成的，图 2 的正方形却变成了 48 个小正方形。其中一个小正方形到底去哪儿了呢？你知道这个魔术的奥秘在哪儿吗？

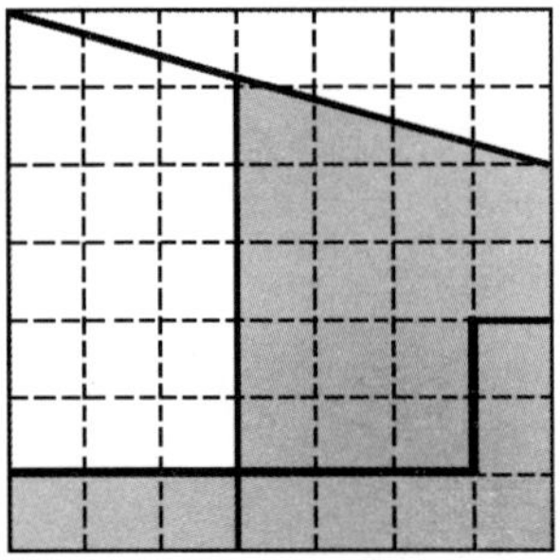
图1

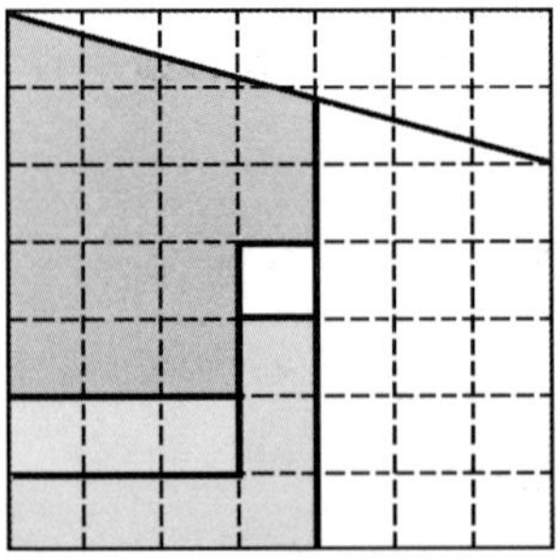
图2

切正方形

一个正方形的桌面有 4 个角，切去一个角，还剩几个角？请不要认为这是一道简单的减法，仔细想一想，会产生什么结果呢？此题曾是澳洲堪培拉大学的课堂教学题。

提示：有 3 种切法。

寻找序列图

最下面一组图表中，哪一个可以完成这组序列图？

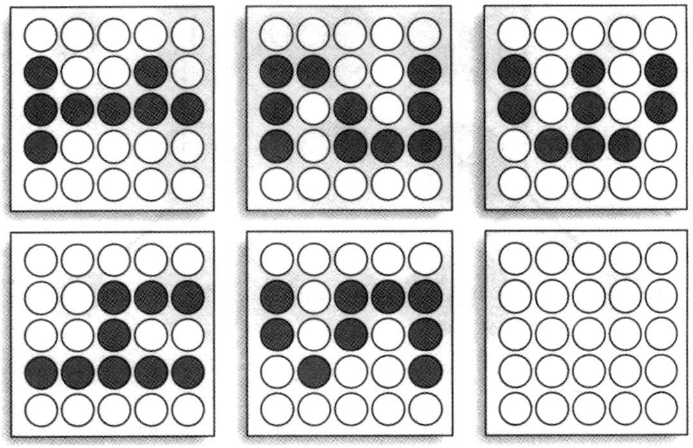

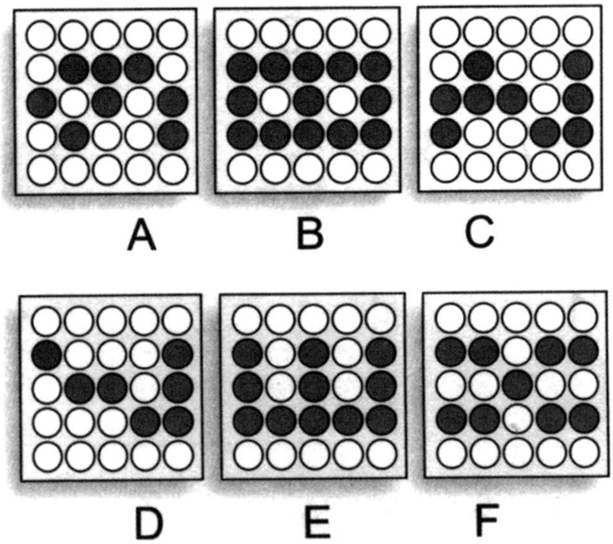

复杂的图形

请你数一数在下面这个复杂的图形中有多少个正方形？有多少个三角形？

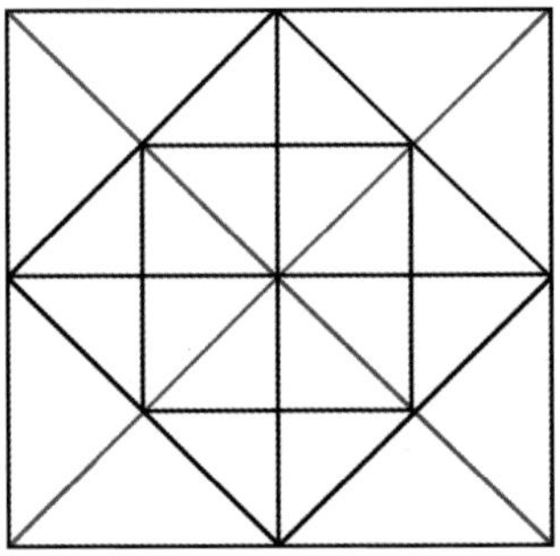

面积比

在一个正三角形中内接一个圆，圆内又内接一个正三角形。请问：外面的大三角形和里面的小三角形的面积比是多少？

加法算式

哎呀！墨迹遮盖了一些数字。此题中，每个数字（从 1 到 9）各使用了一次。你能重新写下这个加法算式吗？

火柴变形

图中用 12 根火柴排成 6 个正三角形，每次移动 2 根，使正三角形分别变为 5 个，4 个，3 个，2 个。请问该如何移动呢？

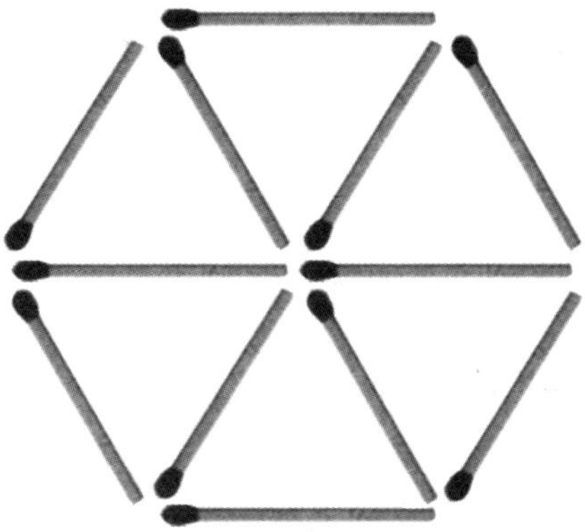

巴都万螺旋三角形

下面巴都万数列中的下一项是什么？

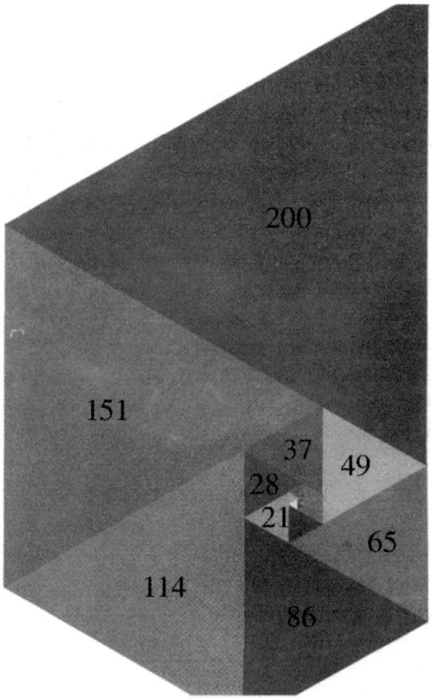

两个椭圆一样吗

你一定注意到在这个看似木桶的物品中有两个大小差不多的椭圆，仔细看一下，椭圆 A 是比椭圆 B 小吗？

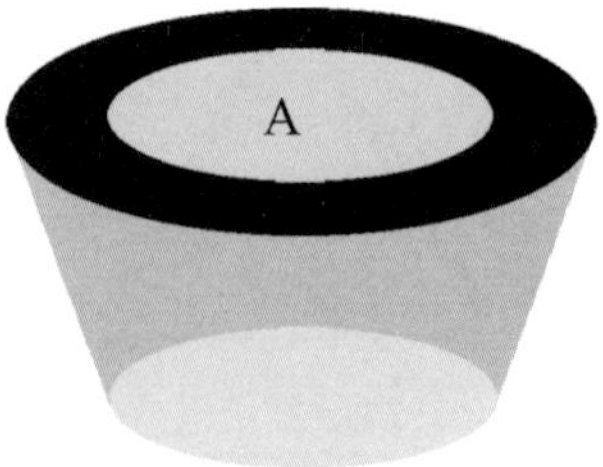

哪个圆圈大

比较下面的两幅图片，判断它们中间的圆圈哪个更大一些？

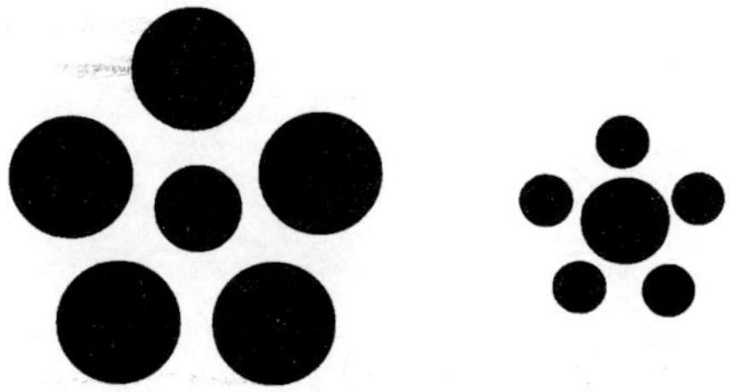

长方形排序

问号所在位置应该是下列哪个长方形？

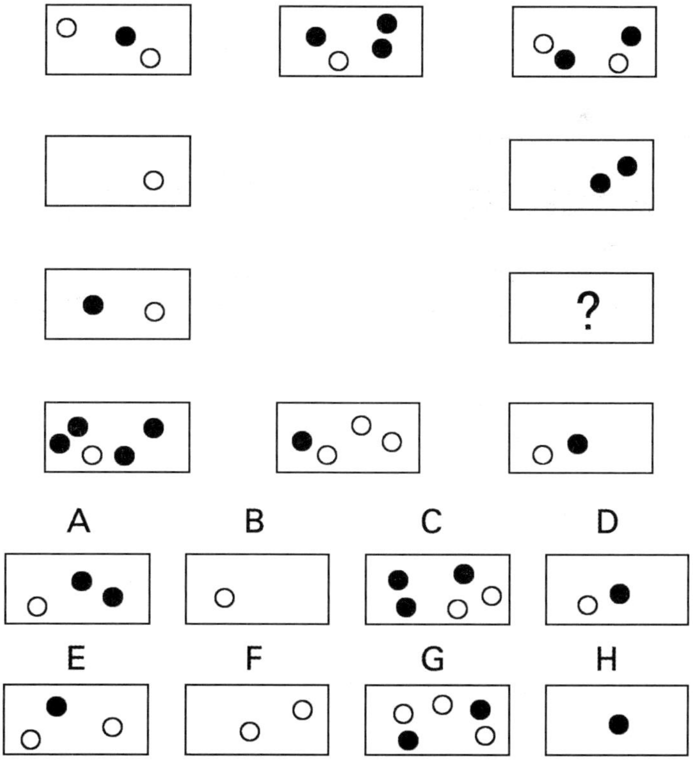

六边形数字

你能算出最后一个六边形中缺少什么数字吗？

3	5	1
7	9	5
13	15	?

符号不同

下面哪个符号与众不同？

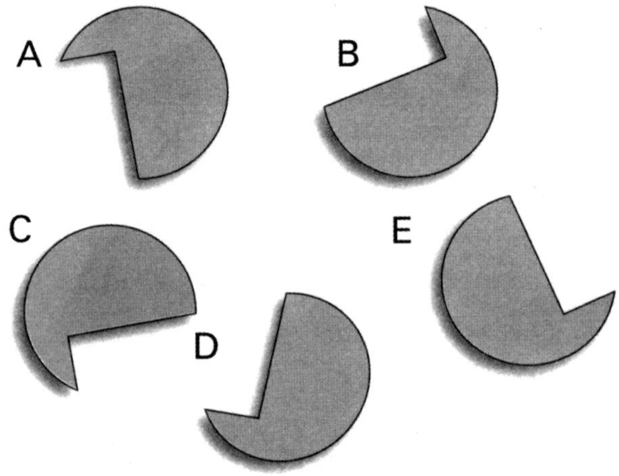

找不同图形

你能看出哪个图形与其他的不同吗？

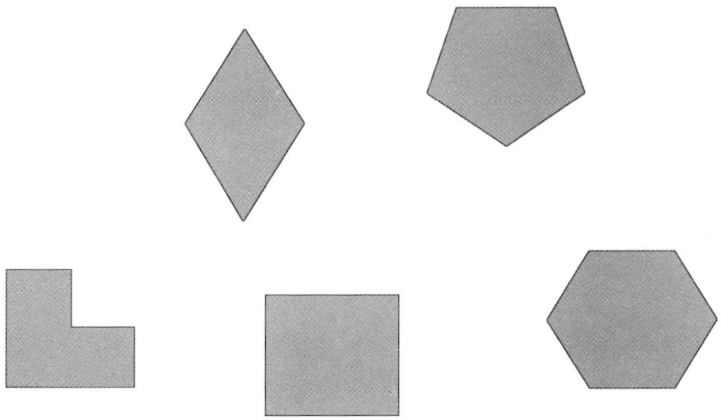

排规律

如果 1 相对于 2，那么 3 相对于 A、B、C、D、E 中的哪一个呢？

1　　2　　3

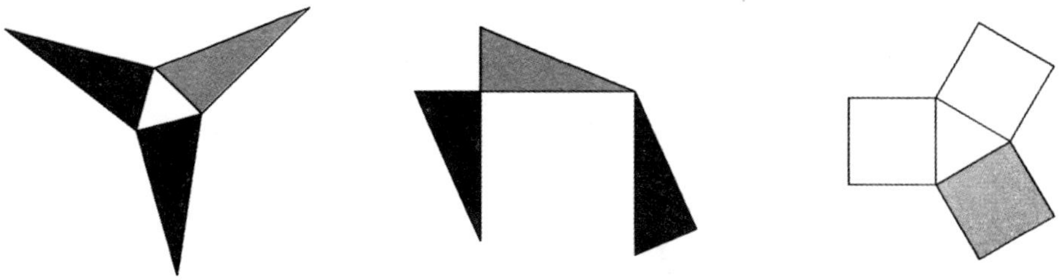

A　　B　　C　　D　　E

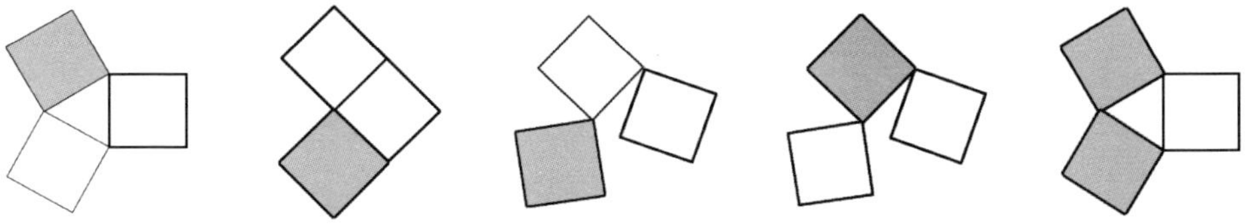

拼正方形

右边图形中有三个组合在一起正好组成一个正方形，是哪三个？

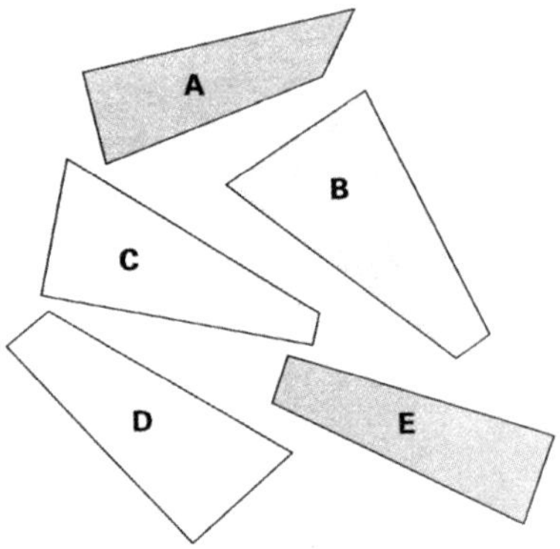

1. **A B C**
2. **B D E**
3. **B C D**
4. **A D E**
5. **A C D**

正方形拼合

用最快的速度把这些图形组成个正方形。

数字正方形

如果正方形的值是 6，你能计算出其他符号的值吗？

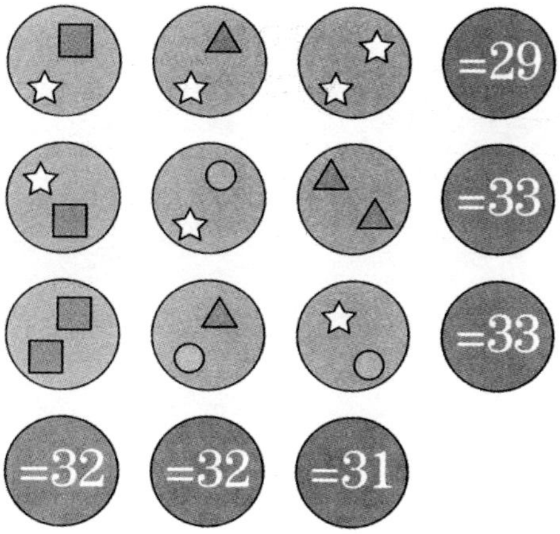

圆　塔

图中接下来应是哪个图形？

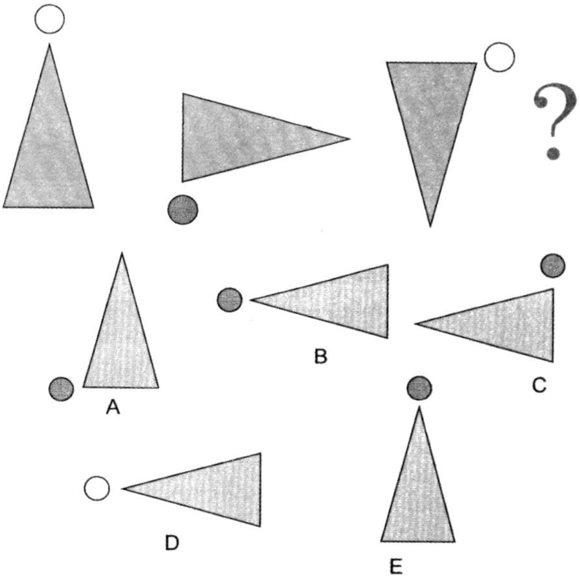

三角形

在下面的图形中，你能找出多少个三角形呢？

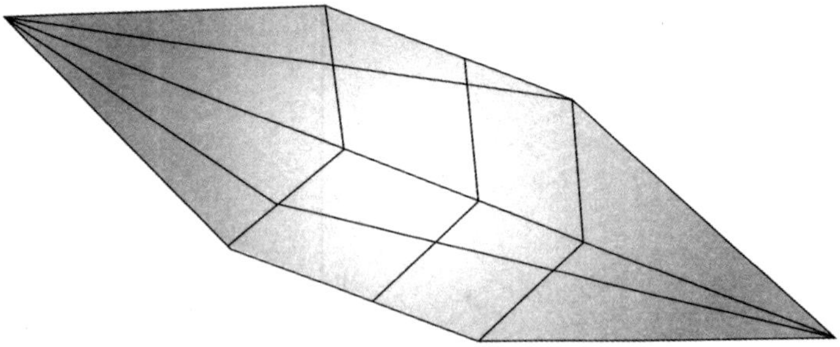

完整的圆

右边的四幅图中只有两幅能够恰好拼成一个整圆，是哪两幅呢？

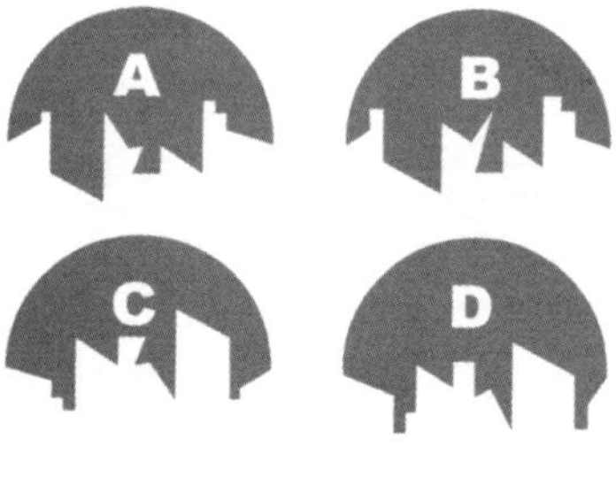

几何天平

为了保持这个天平平衡，所给的三种物品中，需要增加哪一个？

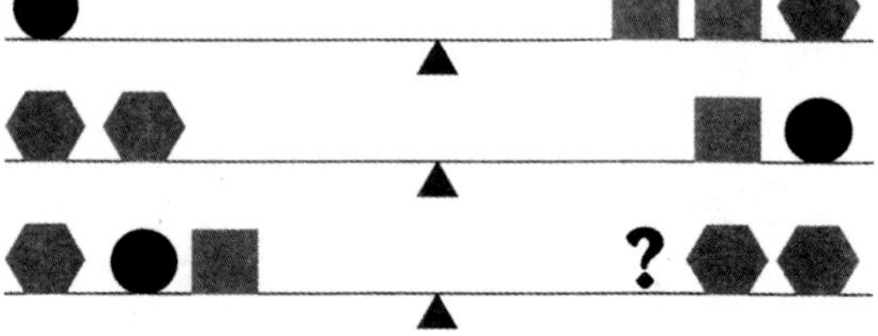

方　圆

找一找，缺失的图形是哪块？

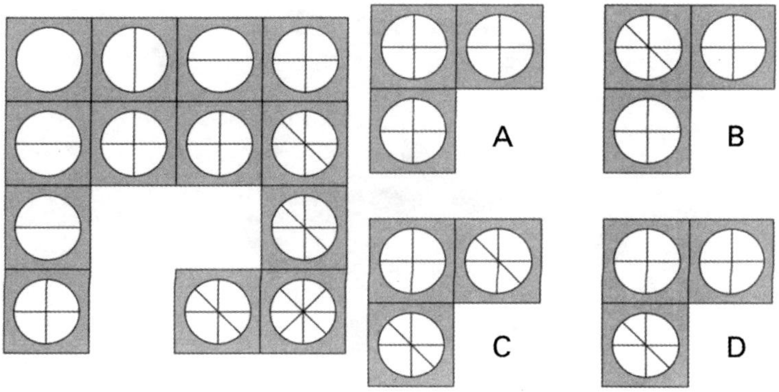

正方形

下面的这些图形中哪个不能被折成一个立方体？

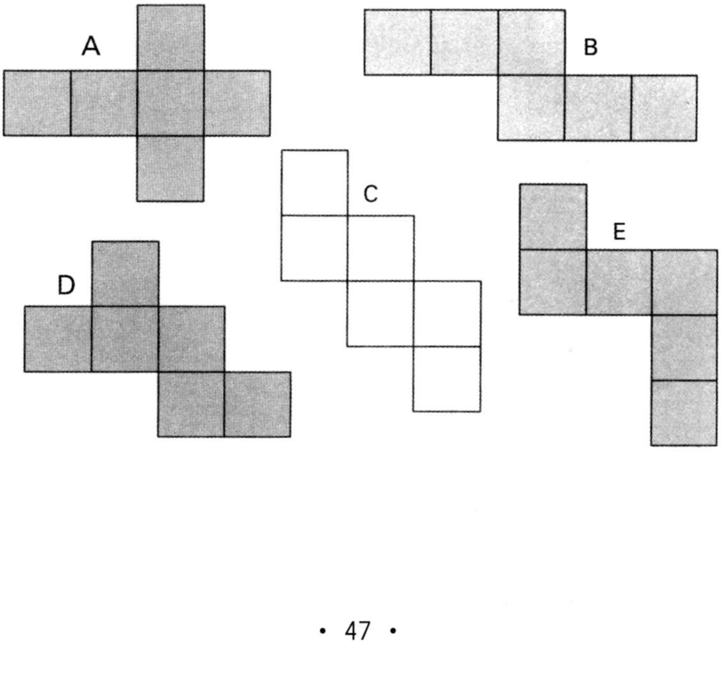

火柴三角

你能只移动 4 根火柴，把这个图形变成 3 个等边三角形吗？

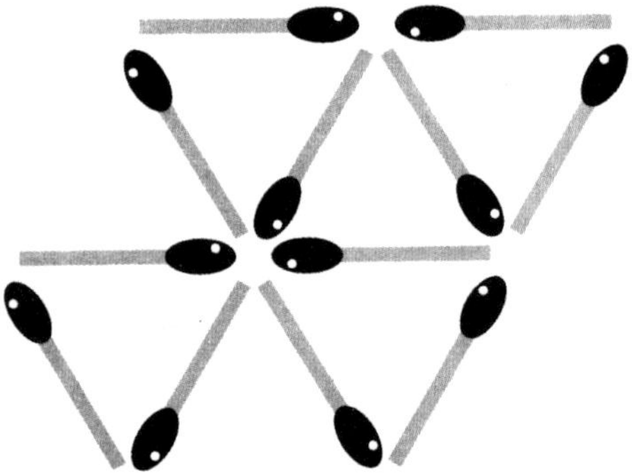

答案及解析

门廊中的正方形

16个。如果正方形无限地延伸下去，那么每增加一个大正方形，就要多出4个正方形，可以用笔画一下。

该怎么变

如下图所示。

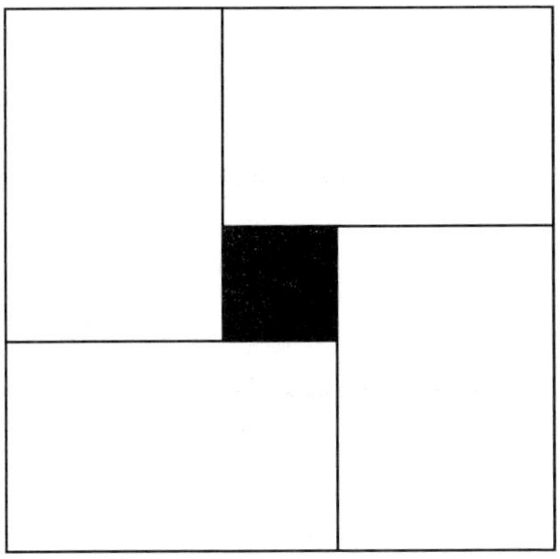

其他三幅图案

如图所示。

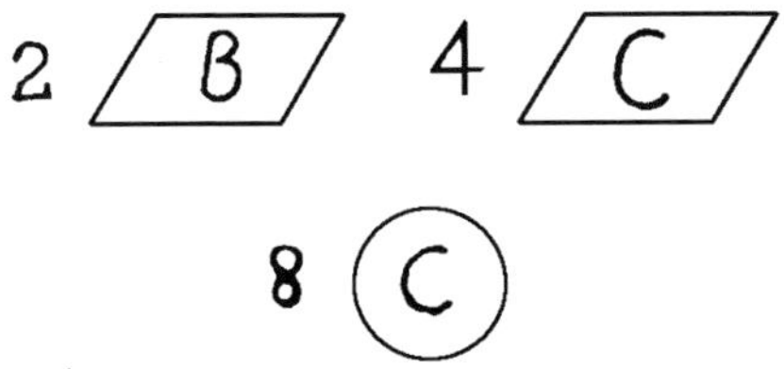

叠交圆圈

处在两圆相交位置的那个数，是被小圆圈起来的数字之和和没有被圈起来的数字之和之间的差值。所以，3＋8＋4＝15，6＋7＝13．15－13＝2。

拼正方形颁奖台

要达到目的，先要使锯齿形的边相互吻合。颁奖台的各个台阶都是对称相等的，所以可以剪左拼右或剪右拼左。

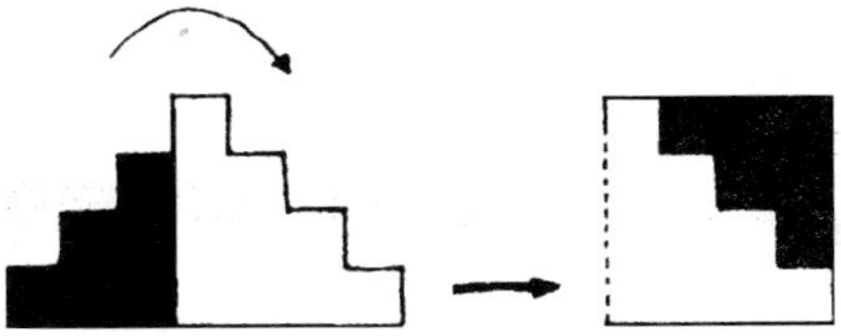

长方形

不要盯着想了，还是动手量一量吧，你会发现这实际上是一个正方形，虽然看起来很不像。

组合正方形

2.B　D　E

三角形的变换

如图所示。

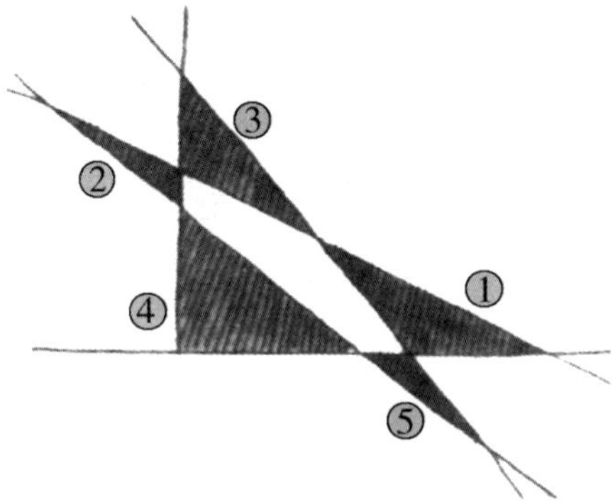

棋盘正方形

一共有 204 个正方形，这个结果是由下面这个式子得到的：

$8^2+7^2+6^2+5^2+4^2+3^2+2^2+1^2=204$

边长包含 n 个单位正方形的大正方形里所含的正方形数等于从 1 到 n 的整数的平方和。

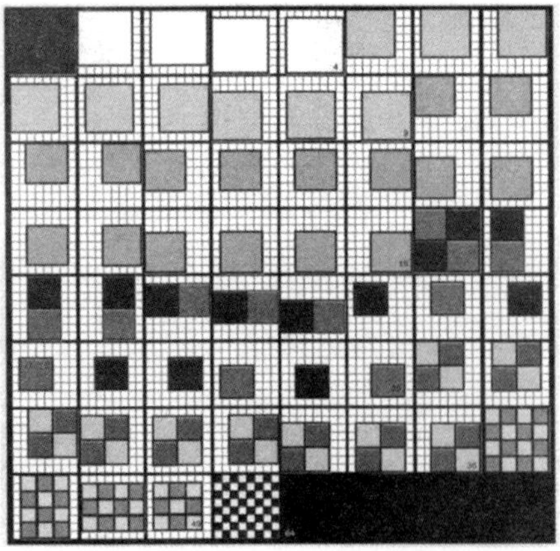

比较长短

（1）大小相等。

（2）长短相同。

视觉上的误差会让你觉得两个正方形大小并不相同，不信可以用尺子量一量。

三角图形

E，多边形中对角的三角形图案相同，颜色相反。

路透斯沃德的不可能的三角形

这个不可能的三角形究竟是怎么回事？其实，造成“不可能图形”的并不是图形本身，而是人脑对图形的三维知觉系统，在把二维平面图形知觉为三维立体心理图形时，执行这一过程的系统机制会极大地影响你的视觉系统。

换句话说，一幅图像的某些二维结构元素和你三维知觉解释系统的某结构元素相对应。二维直线被解释成三维直线。二维的平面被解释为三维的平面。在本题的透视图像中，三角形的每一个顶角都产生透视，形成了三个 90 度的角。而且，每条边的距离变化不同。于是，当你把三个顶角合成一个整体时，就产生了一个空间上不可能的图形。

该填哪个图形

B。

数一数

你可以先迅速分析一下图形的特点，然后再算出点的数量，这样做能够大大提高速度。

每个小正方形中有 10 个点，一共有 9 个这样的小正方形，因此一共是 90 个点。

找相同

原图有 7 个立方体排列在平面上，请注意它们排列的相对位置，只有图 3 是相同的。

图形分类

A—F　B—C　D—G　E—H

哪个线段更长

AB 线段与 BC 线段是一样长的，只是箭头的内、外方向蒙蔽了你的眼睛，造成了视错觉。

正方形里的三角形

如下图所示，下面是 20 个三角形所组成的正方形。这个正方形的 4 倍就是由 80 个这样的三角形所组成的正方形。

寻找三角形

答案是 A。提示：外环三角形里的数字和与之相对应的内环三角形里的数字之和等于最中间的三角形里的数字。

空间中的立方体

出现两次的是 1—8、4—10 和 7—5；出现三次的是 2—3—9；6 出现一次。

杜登尼的难题

七边形上每边的数字之和为 26。

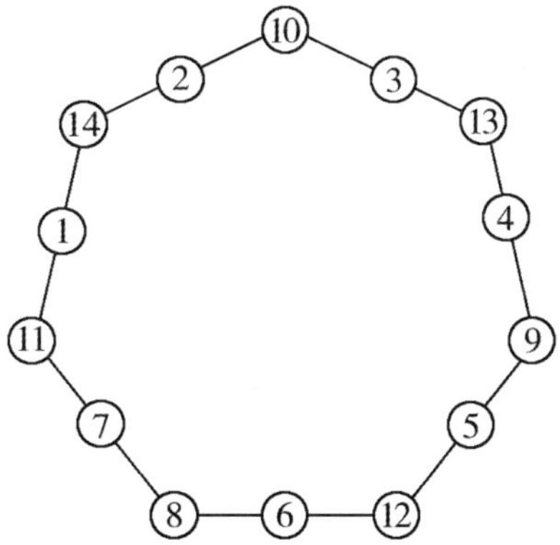

平方根

如下图所示，画 3 个直角三角形，x 为三角形的高。

由此我们就得到了这 3 条直线的关系：

$c^2=a^2+x^2$

$b^2=x^2+1$

（a+1）2$=b^2+c^2$

将前 2 个式子带到第 3 个式子中，我们就得到了下面的等式：

$a^2+2a+1=x^2+1+a^2+x^2$

$a^2+2a+1=a^2+2x^2+1$

$2a=2x^2$

$a=x^2$

$\sqrt{a}=x$

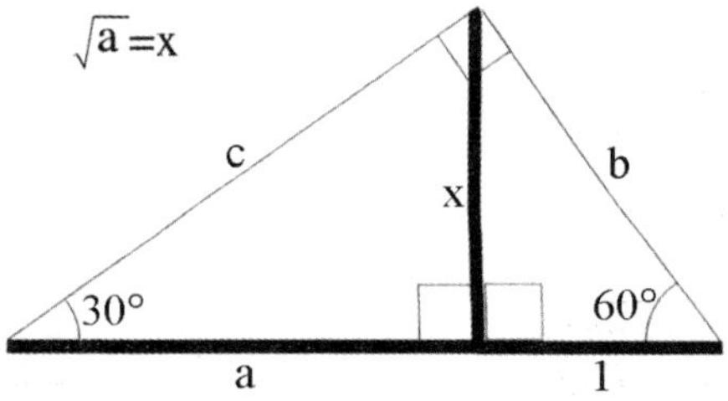

六边形幻觉

不要被那些联结点的图形干扰，如果这些线相连，的确会形成一个正六边形，它们彼此相接的点被“三角形”给覆盖住了。

图形填空

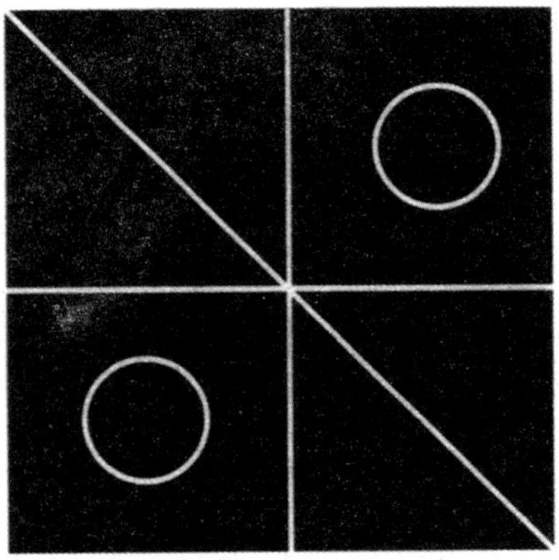

剪十字架

如图所示。

七格三角形

图形 7，如图所示。

三角形错觉

虽然实线看起来比虚线长，其实它们一样长。

想象正方形

答案是 C。

只剪 3 刀

如图所示。

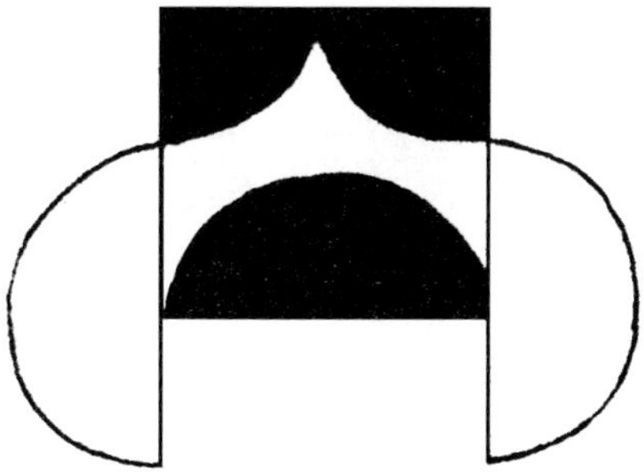

数字哑谜

？＝16。

口＝4，◇＝7，

△＝6。☆＝5。

分割图形

这是一道经典的几何分割题。答案如图所示。

正方形还是长方形

看起来似乎高度比宽度大，其实是一样的。这是左、右的线条造成的视错觉。

六角数字

答案是 6。

7－1＝6

6×7＝42

多少个等边三角形

答案是 35 个。

纸条艺术

如下图所示。

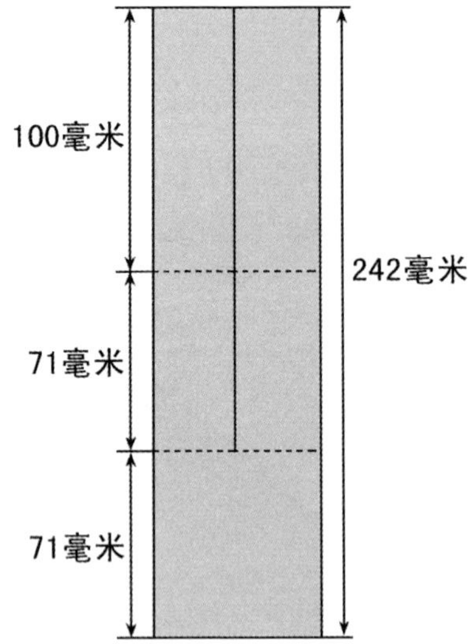

角度排序

所有的角都是 90 度直角，不信的话你可以用量角器量一下。

12 个五格拼板

这 12 个五格拼板在棋盘上的摆放位置有很多种，最后总是会留下 4 个方格。无论这 4 个方格选在哪里，总是可以将这 12 个五格拼板放进去。下图所示为答案之一。

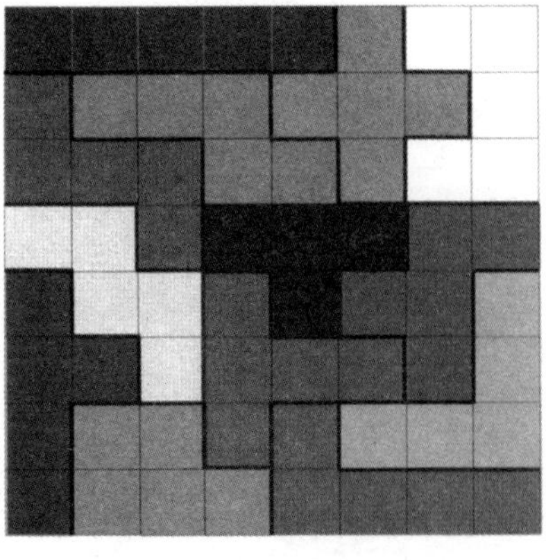

这是直线吗

实际上这些线条是直线。之所以会产生弯曲的感觉，主要是由于交错排列的格子背景造成的。

找图案

下一个图案是 B。

每个图案都比上一个顺时针旋转了 90°。圆圈每次都会沿顺时针方向移动到下一个方格里，颜色也会发生变化，白色和粉色交替出现。

哪个圆在上面

哪个圆似乎都可以在最上面，这是图形幻觉造成的。

你做得到吗

如图所示。

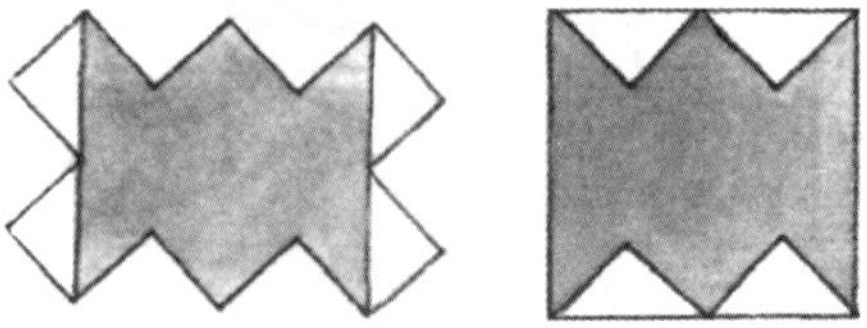

填　数

问号部分为 19。把这个图形水平、垂直分成 4 部分，形成 4 个 3×3 的正方形。在每个正方形中，把外面的 4 个数字相加，所得的和就是中间的数字。

数图形

三角形有 14 个，长方形有 7 个，六边形有 2 个。

高度、宽度幻觉

A 的高度与宽度是不一样的，但是很显然有一个是一样的，那就是 B 的高度与宽度是相等的。你能想明白是什么道理吗？这是横条纹欺骗了你的眼睛。这个道理就和生活中穿衣服的方法一样，胖人热衷于穿竖条纹的衣服，而瘦人则喜欢横条纹。因为竖条纹的衣服能使人显得更高更瘦，而对于胖身材的人，横条纹只会使“宽度”显得更加突出。

台球落点

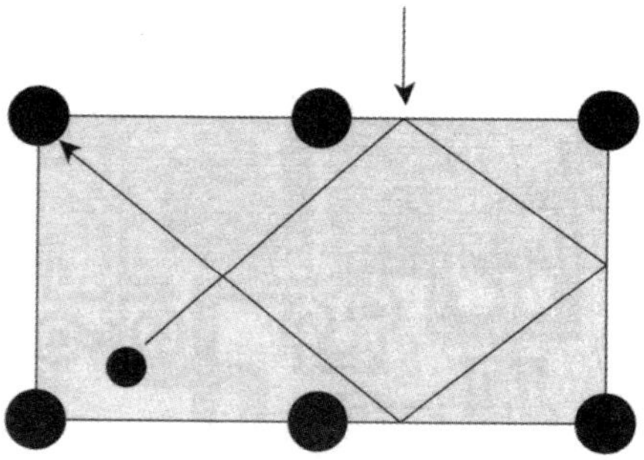

拼接图形

如图所示。

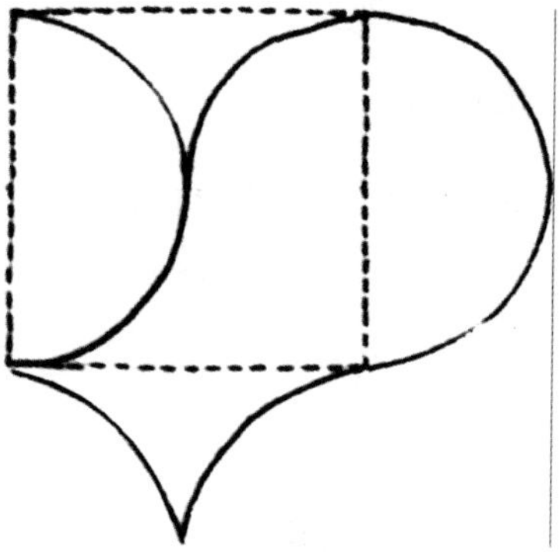

四格等腰三角形

如图所示。

分图形

摆直角

如图，摆出立体的直角交叉排列，则每两根火柴棍都会有 4 个直角，如此一来就会有 3 组，共计有 12 个直角。

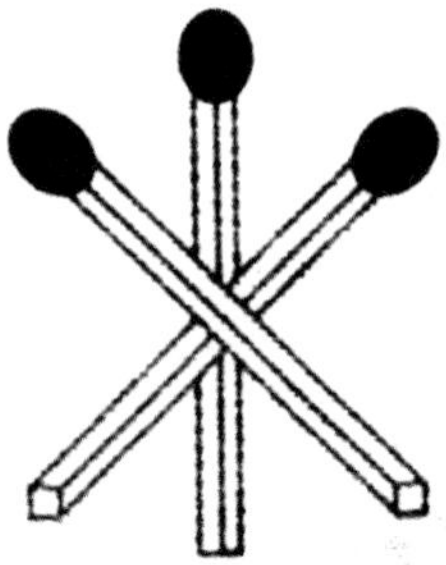

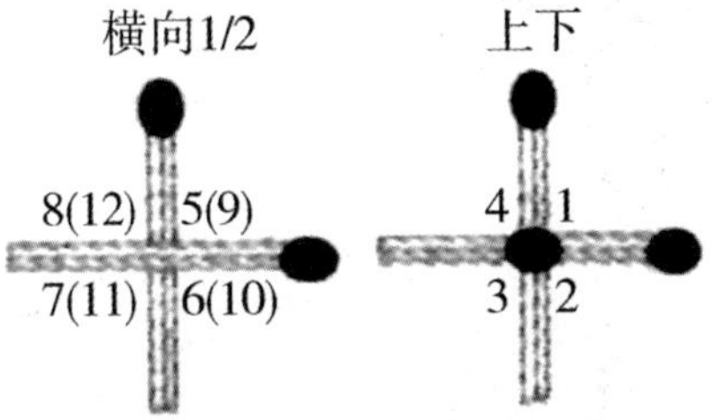

填箭头

应该填入 A。

横行决定箭头的特征空白，有边缘，有颜色填充。

左斜线方向决定了箭头的指示方向。

右斜线方向决定了箭头的颜色。

写箱子

箱子的数目从上层数起每层分别是 1、4、6、9 个。写不到的箱子就是没有露出来的箱子，如图所示，一共有 3 个。

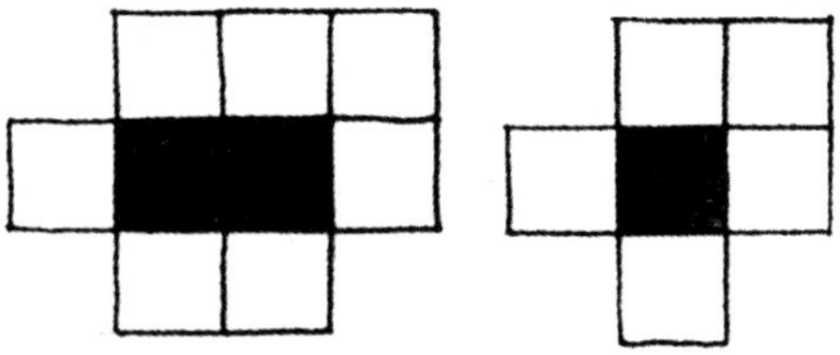

分　田

如图所示。

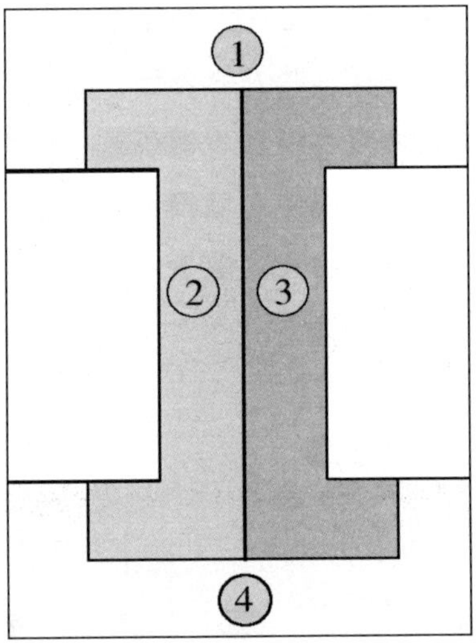

寻找正方形

答案是 F。每一个模块包含的都是它下面两个图形共同出现的图形。

找长方形

答案是 23 个。

方块填空

缺的是 B。横排前两个方框中的圆圈数相乘得到第三个框中的圆圈数，竖排相除。

黑白圆圈

是由 D 组成的。上面的图形中有 3 个白色的圆圈、1 个黑色圆圈和 1 个三角形。只有 D 与它相同。

五格拼板游戏

如图所示。

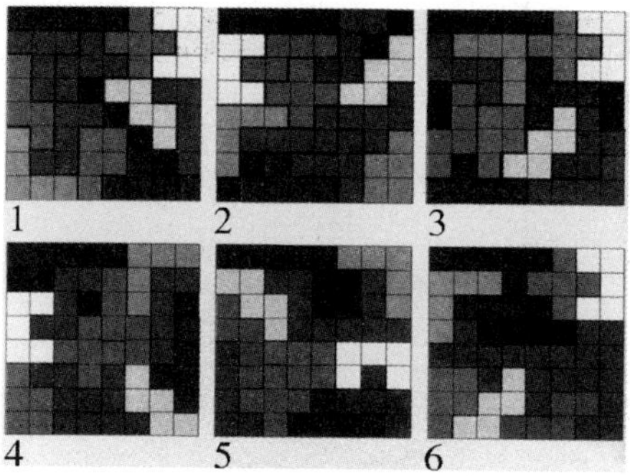

分割梯形土地

如图所示。

五格拼板的 1/3

如图所示。

找出最长的竖线

这些流动的竖线的长度都是相同的。只是我们从视觉上看起来有些差别。

多米诺骨牌

点数应该为 6。从左边开始向右移动，把每两个多米诺骨牌作为一组。每组牌中两张牌上圆点数量的差依次是 4、6、8、10。

排　数

问号代表的是 107。与两位数字之和相加，即等于第二个数，如 44＋8＝52，52＋7＝59 等等。

分割图形

这是一道经典的几何分割题。答案如图所示。

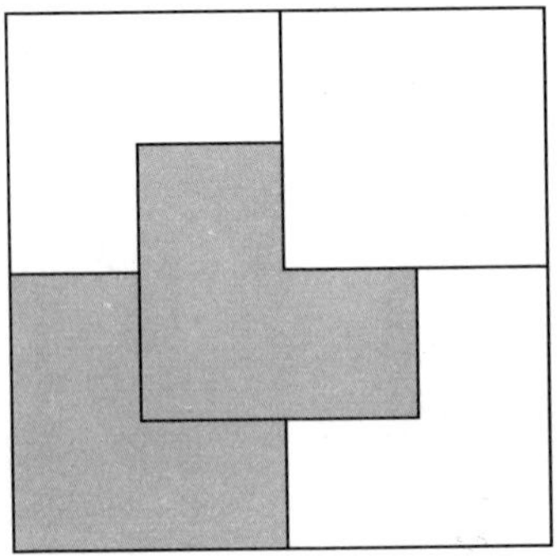

纸条构成的五边形

这个表面只有1个面和1条边。打的这个结使纸条扭曲了180°，形成了1个麦比乌斯圈。

倾斜的线

这就是著名的倾斜感应。斜线会造成我们方向感上的错觉，使倾斜的效果变得更强烈。其实这条竖直的线，并没有倾斜。

三角形面积

答案为24。正方形面积为36个平方单位。

假设三角形面积为X，我们可以得出这个方程式：3X/4＝36/2，答案是X＝24。

平均分割土地

如图所示。

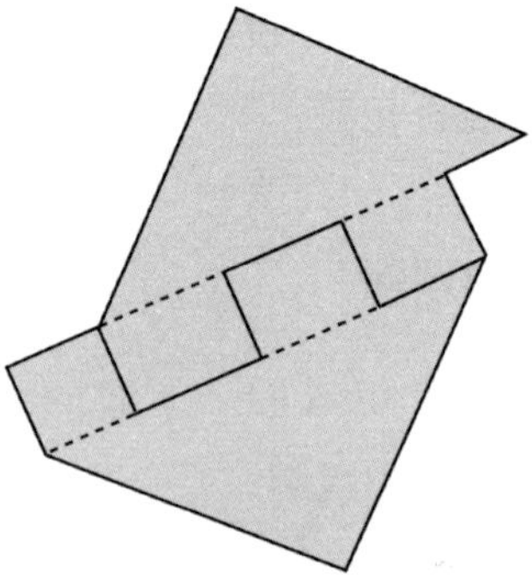

立方体上的图案

答案是D。我们都知道，同一个图案不可能同时出现在立方体的两个或两个以上的表面中。

变三角形

“14个”正三角形

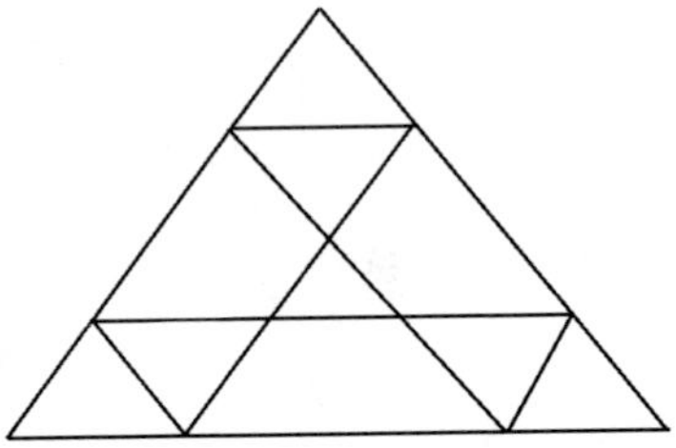

尺寸合适的木板

如图所示。

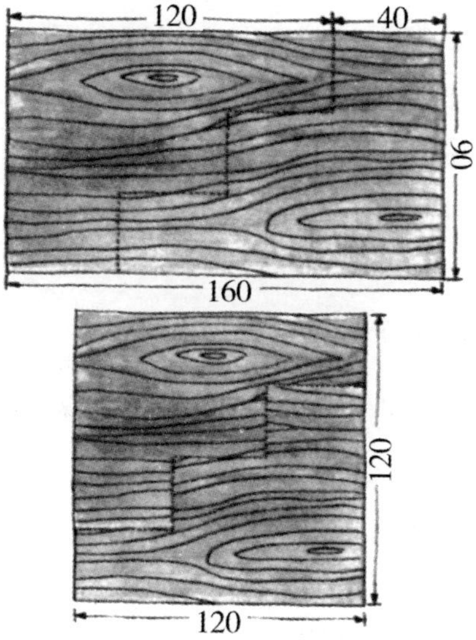

八边形

答案为 A。从左向右移动，其中一个阴影部分顺时针移动一格，而另外一个则逆时针移动两格。

小正方形的去处

5 小块图形中最大的两块对调位置之后，被那条对角线切开的每个小正方形的高都比宽长了一点，从而使得面积增加。这就意味着这个大正方形不再是严格意义上的正方形了，所增加的面积恰好等于那个方洞的面积。

切正方形

一个正方形切去一个角，有 3 种切法，会出现 3 种情况。

1. 切去一个角，得到 5 个角。

2. 切线通过另一个角，则得到 4 个角。

3. 切线通过另外两个角，只剩 3 个角。

寻找序列图

答案为 A。从左边进行观察，表格中显示了 1 到 6 这六个数字。

复杂的图形

共 15 个正方形，72 个三角形。

面积比

把小三角形颠倒过来，就能立刻看出大三角形是小三角形的 4 倍。

加法算式

$$\begin{array}{r} 289 \\ +\quad 764 \\ \hline 1053 \end{array}$$

火柴变形

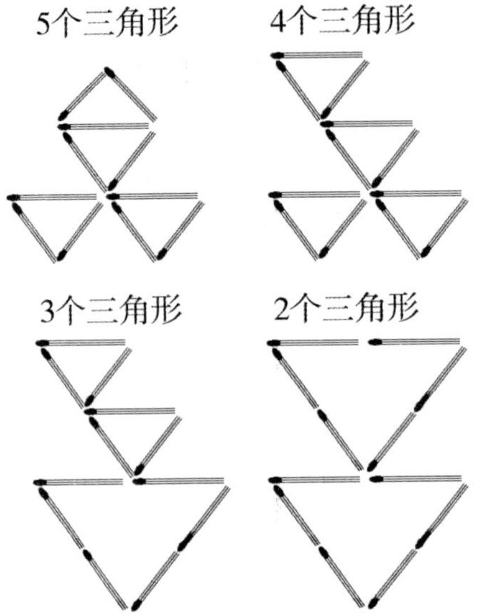

巴都万螺旋三角形

巴都万数列的前 22 项：

1，1，1，2，2，3，4，5，7，9，12，16，21，28，37，49，65，86，114，151，200，265…

巴都万数列的一般规律是：巴都万数列中的每一个数都等于它前边第 2 位和第 3 位数之和。

斐波纳契数列的前 21 项：

1，1，2，3，5，8，13，21，34，55，89，144，233，377，610，987，1597，2584，4171，6755，10925…

除 1 和 2 以外，两个数列里都出现的数只有 3、5、21。

巴都万数列后一个数与前一个数之比趋向于一个常量，它约等于 1.324718。

在未来的研究中，可能也会发现巴都万数列在自然中的存在。源自于数学题目的斐波纳契数列，到目前为止已经发现了它在自然界许多地方存在。

两个椭圆一样吗

下面的外椭圆形与上面的内椭圆一样大，但是看起来似乎内椭圆比较小。

哪个圆圈大

两个圆圈一样大。

在看这两幅图片时，我们往往是通过它们周围的圆圈，来比较中间的圆圈的大小，所以会得到左边的那个图中的圆圈大的印象。这其实是一个视觉误差。

长方形排序

E。每行每列长方形都包含六个红点和五个黄点。

六边形数字

11。在图中按纵列进行计算，把上面的数字加上 4，就得到中间的数字。把中间的数字加上 6，就是下面的数字。

符号不同

D

找不同图形

五边形有 5 条边（奇数），其他图形都有偶数条边。

排规律

C

图 2 中左边的图形和右边的图形没有直接的接触点。图 1 和图 2 的部分分布在图形的同一边，所以和图 3 相对应的图应该符合这两点要求。

拼正方形

2. B　D　E

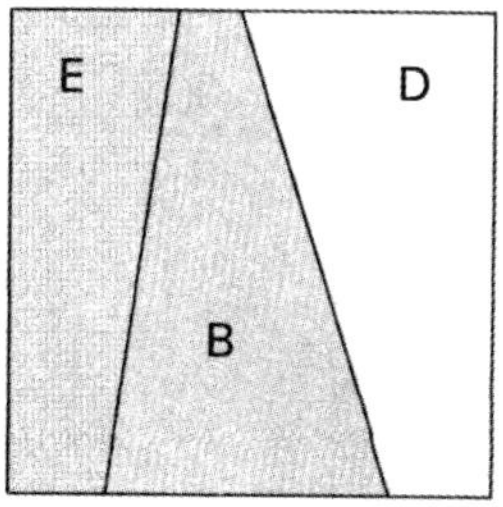

正方形拼合

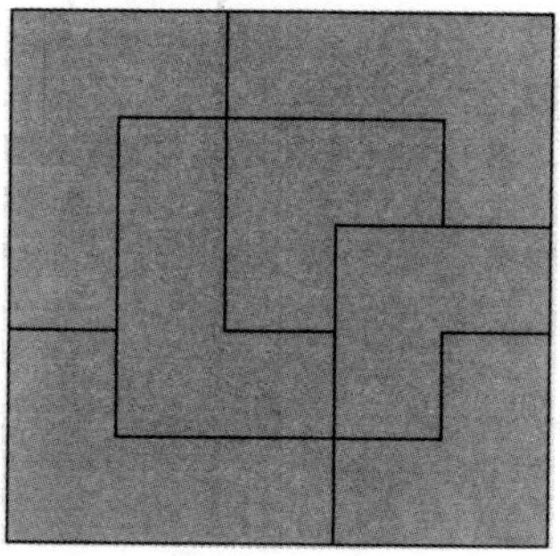

数字正方形

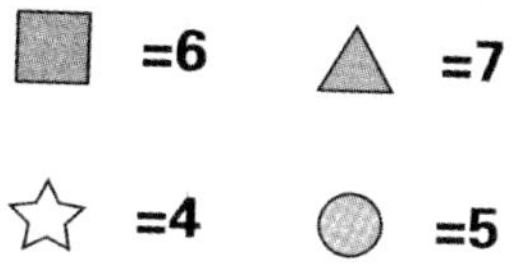

圆　塔

B

三角形每次按顺时针方向旋转 90°，圆点逐次到达三角形的每个角，并交替变换红黄色。

三角形

19 个三角形。

完整的圆

A 和 C。

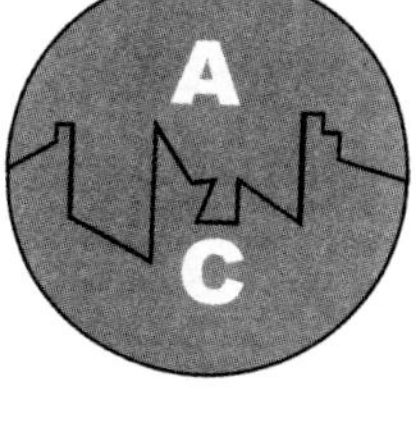

几何天平

六边形。

正方形＝1，六边形＝3，圆＝5

方　圆

D

纵横两个方向的规律是：增加一条线、保持线条数不变、再增加一条线。

正方形

E

火柴三角

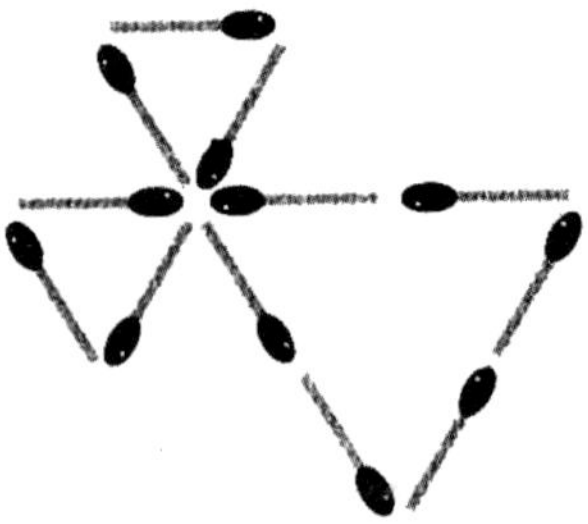

绳子和管道

一条管道坐落于一段奇特的绳圈的中央。假设从开放的两端拉动这条绳子，那么这条绳子究竟是会和管道彻底分离，还是会和管道连在一起呢？

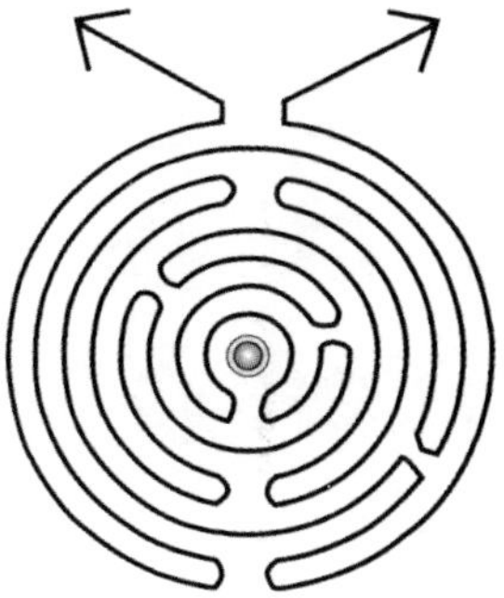

扑克解谜

仔细看一看，在空白处放置哪张扑克牌可以解开这道谜题？

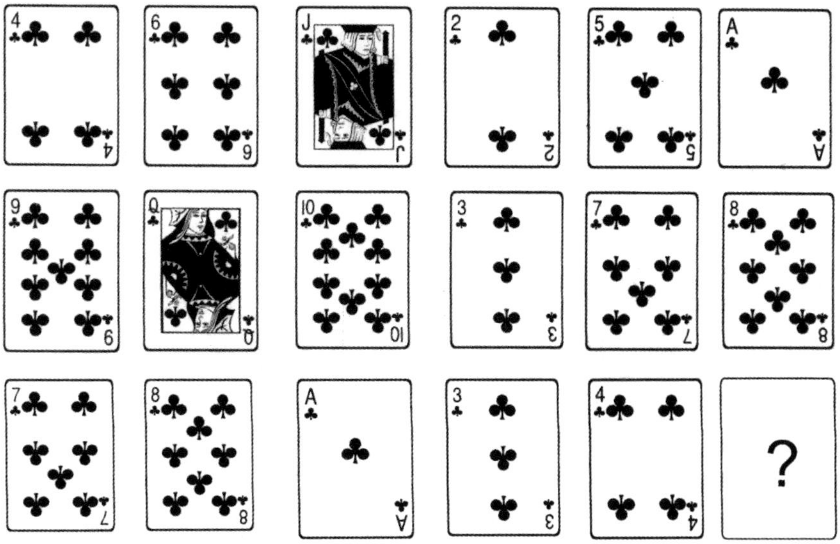

直线球形

只利用 6 条直线，将下面全部的 16 个点连接起来。

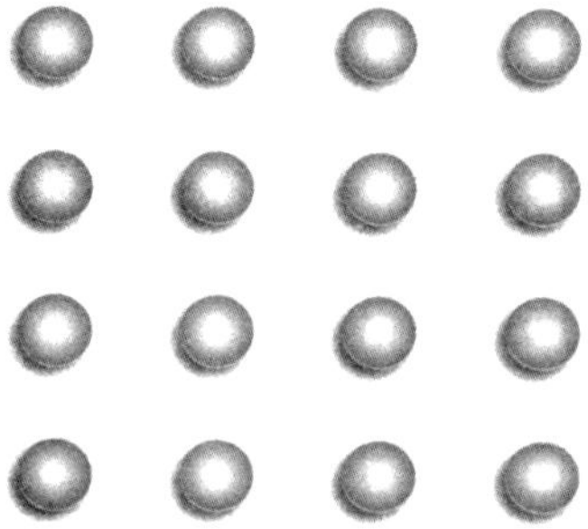

直线图形

下列哪个图形与其他四个都不同？

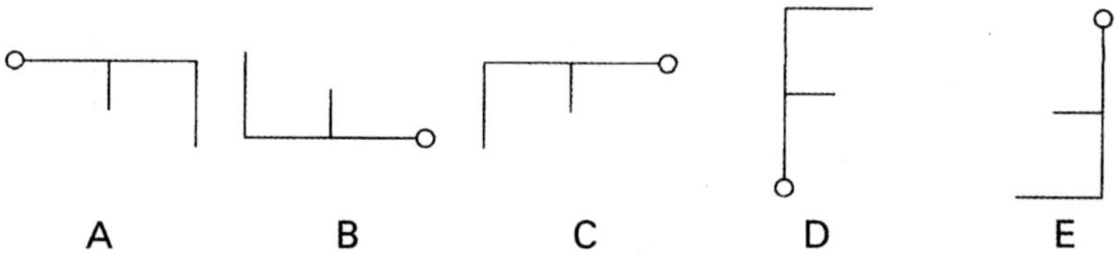

空白填空

图中空白部分应该填入下列哪一项？

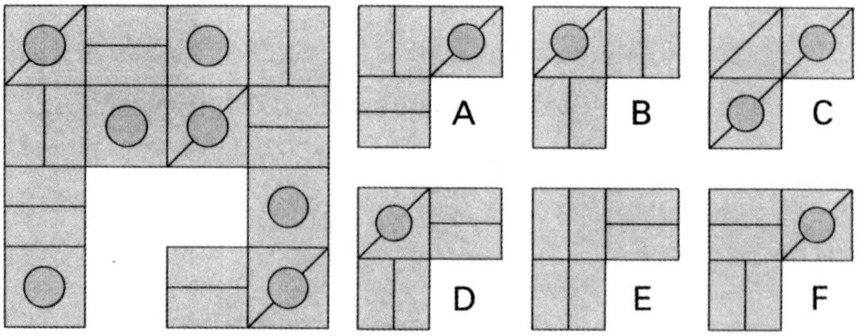

找多余的图形

选项中的哪个图形不曾出现在左边的图形中？

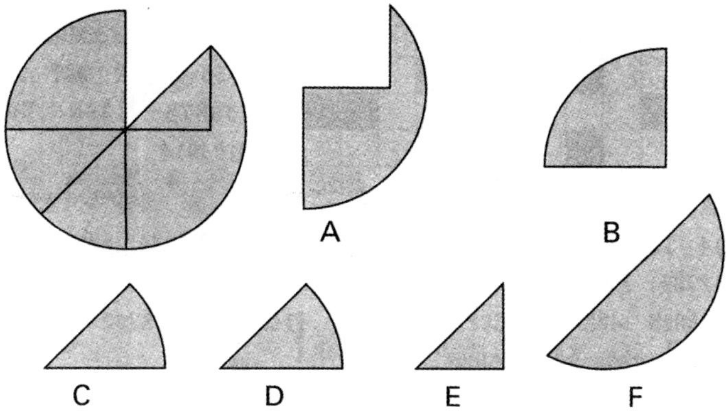

数三角形

在这个图形中总共有多少个三角形呢？

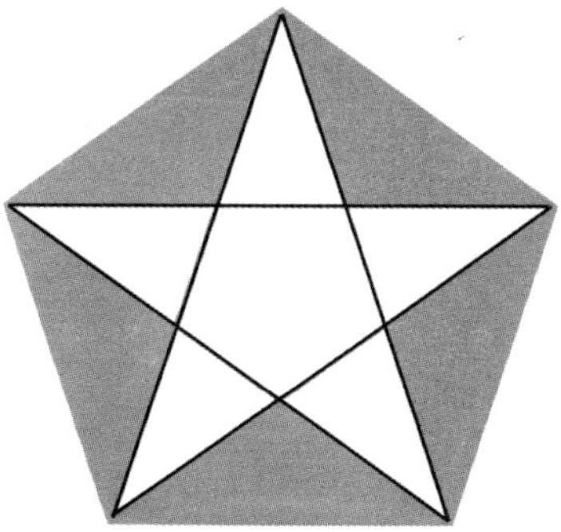

图片排序

试一试，哪块小图片可以放在问号处？

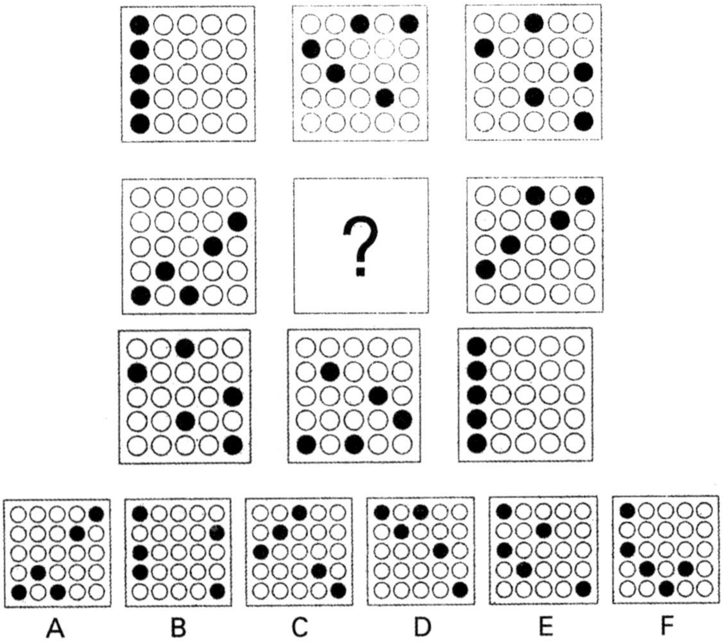

笑 脸

仔细看看，哪幅图与众不同呢？

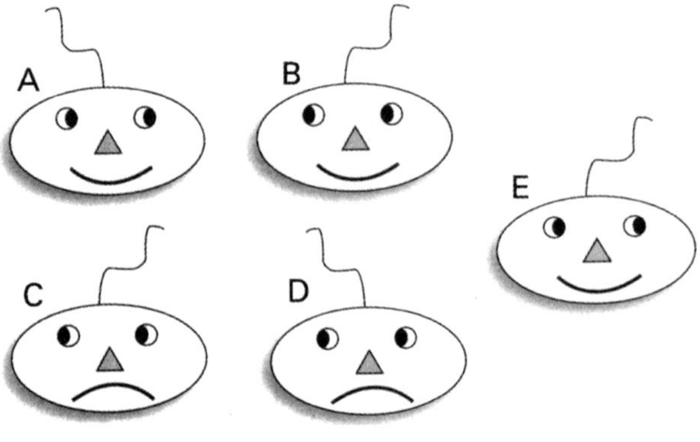

迷　宫

找出到迷宫中央的路线。

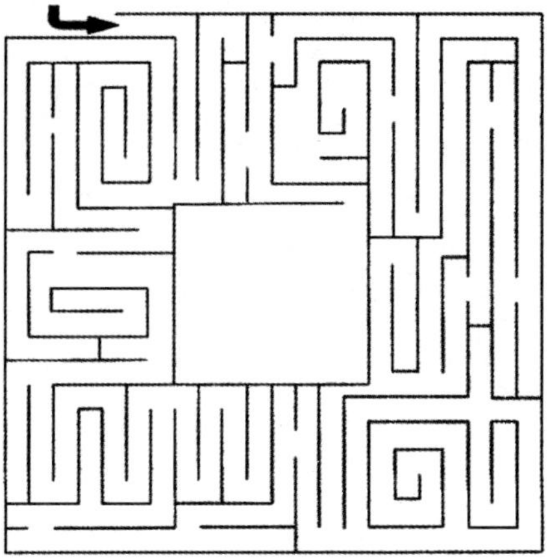

找缺失图形

仔细观察一下，缺的是哪块呢？

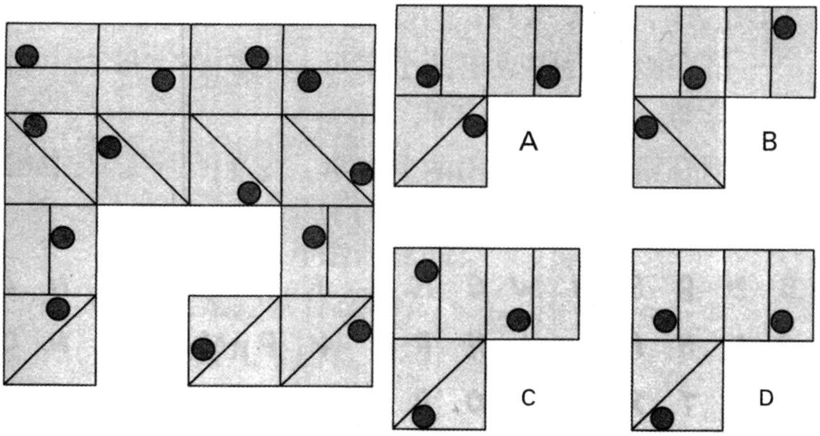

画 圆

请在空白圆中画出正确的图形。

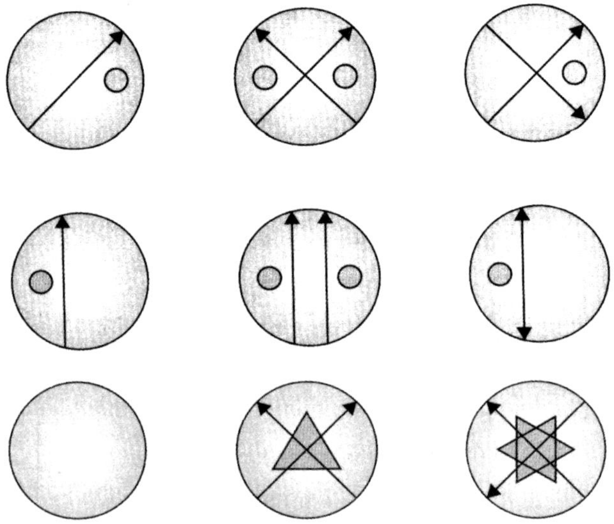

图形计算

问号处应填哪个数字？

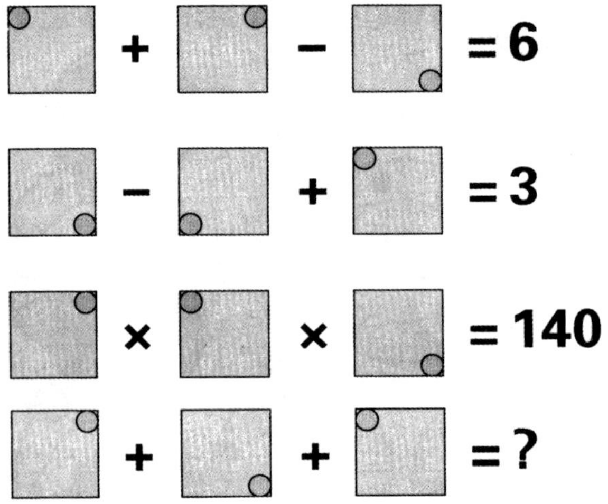

组成正方形

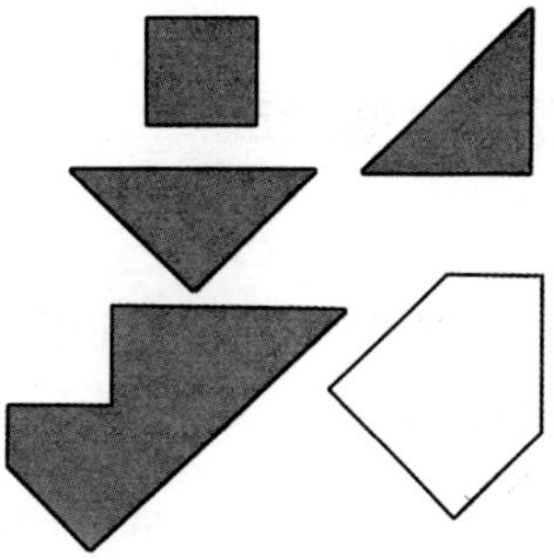

你知道如何将这些图形组成一个标准的正方形吗？

相似圆圈

你能看出哪个圆圈里的内容和 A 最相近吗？

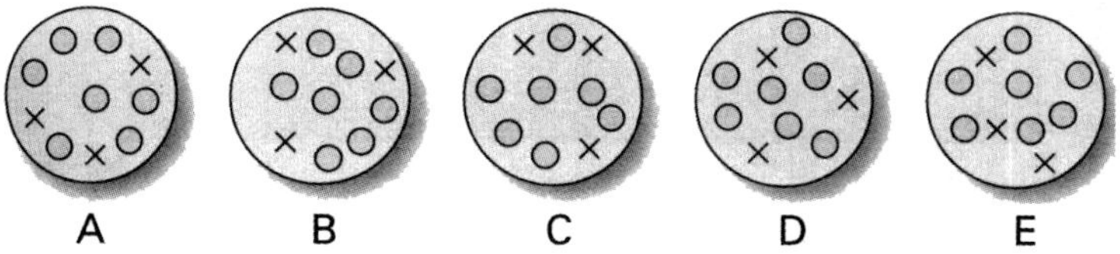

图形填空

问号处应填选项中的哪个图形呢？

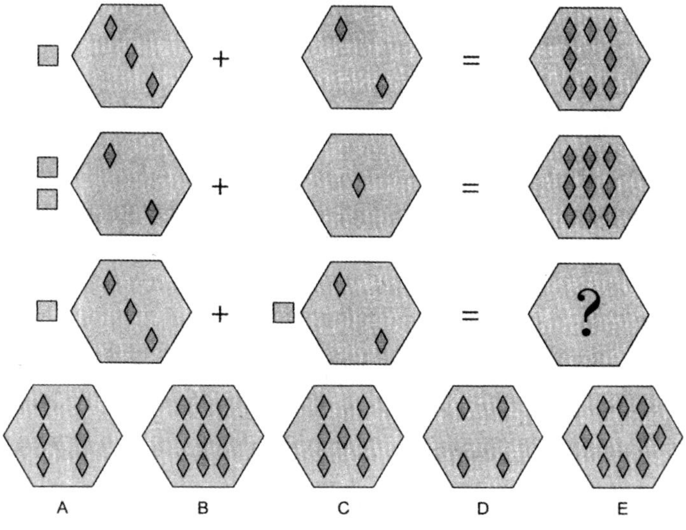

符号天平

图中各个符号分别代表不同的数值。在图中填入恰当的选项，使天平两边保持平衡。

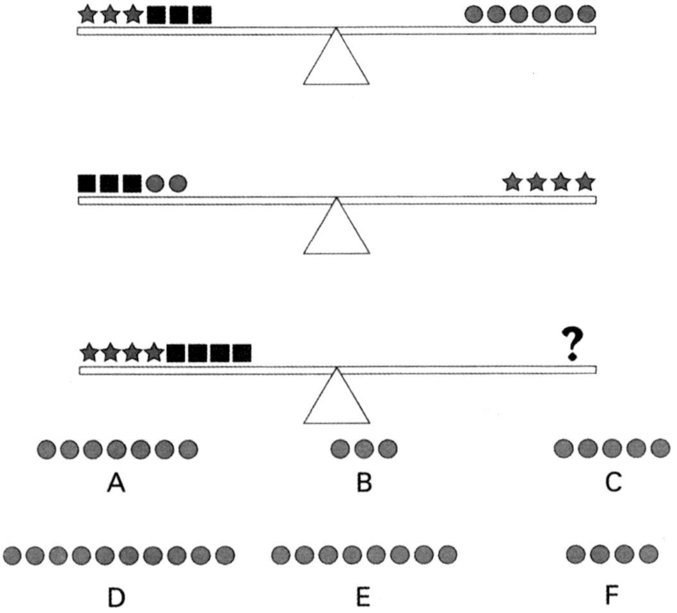

找规律

问号所在位置应该填入哪一个图形？

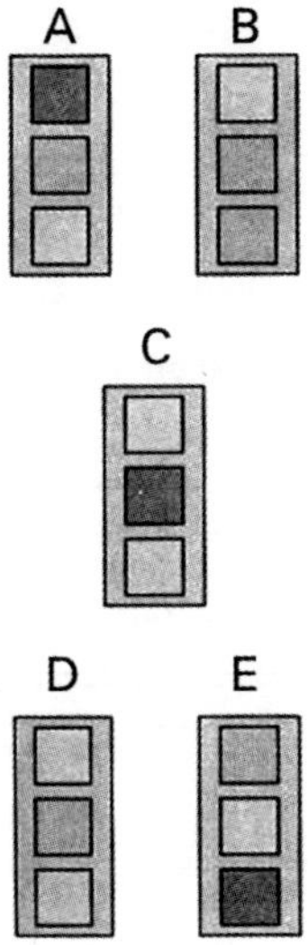

花　形

从 A、B、C、D、E 中找出一个合适的图形填入所缺部分。

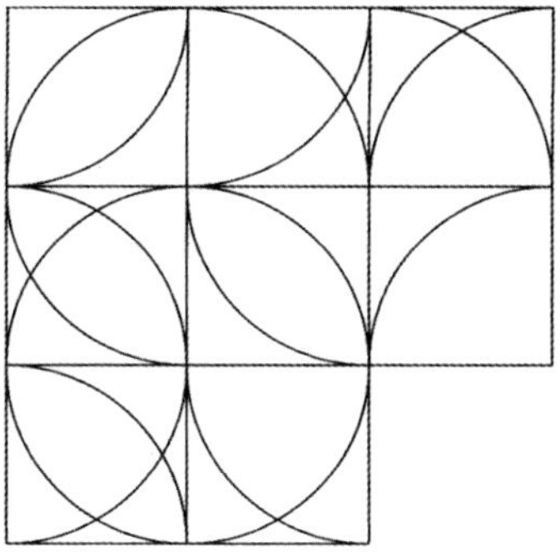

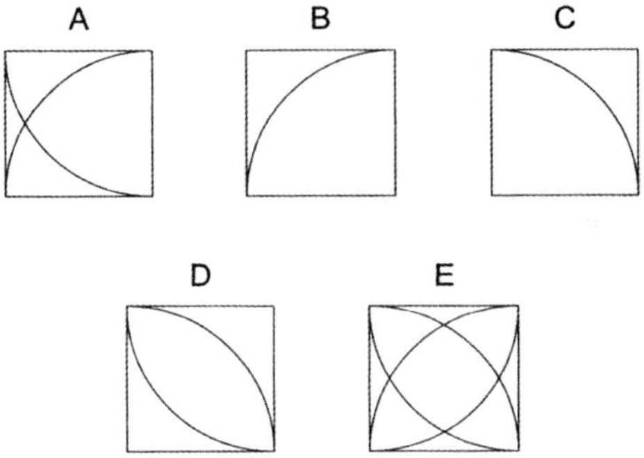

记忆天平

要保持平衡，第四个天平上应该加上多少东西呢？

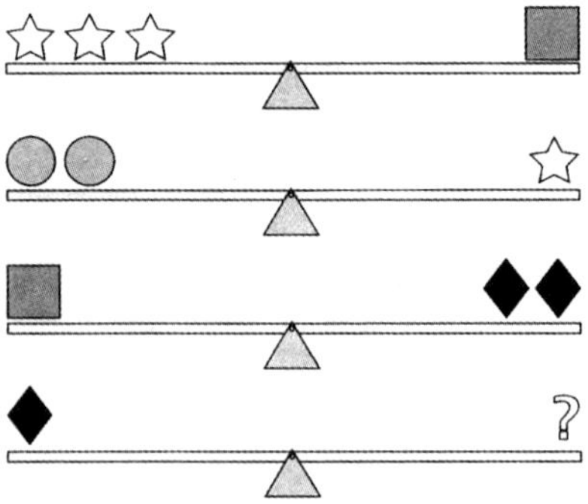

字母游戏

哪一组图形可以完成这道难题？

A	B	C	D	E	E	J	O	T	Y
F	G	H	I	J	D	I	N	S	X
K	L	M	N	O	C	H	M	R	W
P	Q	R	S			G	L	Q	V
U	V	W					K	P	U
U	P	K					W	V	U
V	Q	L	G			S	R	Q	P
W	R	M	H	C	O	N	M	L	K
X	S	N	I	D	J	I	H	G	F
Y	T	O	J	E	E	D	C	B	A

	A	B	
B	Y	T	X
X	Y	A	B
	T	Y	

A

	B	T	
F	A	Y	X
X	Y	A	F
	T	B	

B

	T	B	
F	A	Y	X
X	Y	A	F
	B	T	

C

	T	B	
X	Y	A	F
F	A	Y	X
	B	T	

D

	T	B	
X	A	Y	F
F	Y	A	X
	B	T	

E

记忆游戏

这个游戏的目的是精度而非速度。仔细看这张表，看多久都行。记忆时随你采用什么方法，随记随测，以能够依照记忆画出来为完成任务。

图形旋涡

观察下面的六幅图案，其中一幅旋涡方向与其他的不同，你能确定哪一张是不同的吗？

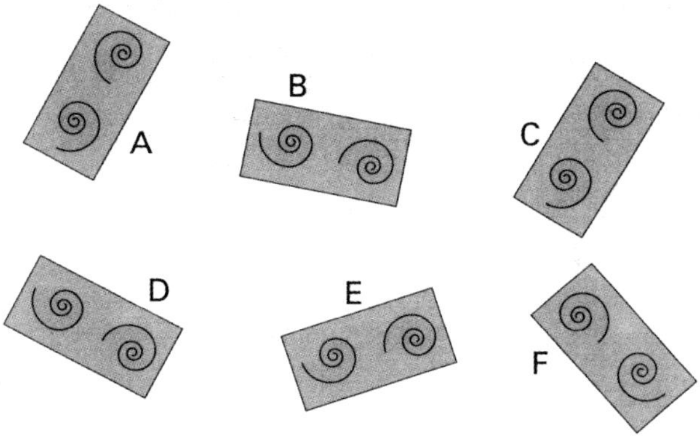

第一反应

快速看下面的图形，在 3 秒钟内说出哪个图形被分成的份数最多。

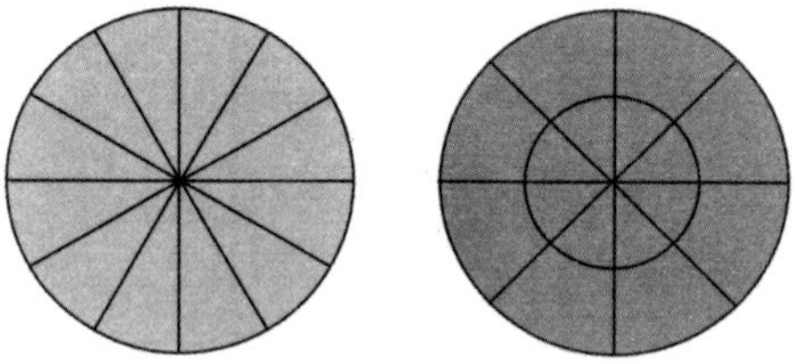

A　　B　　C

答案及解析

找多余

多余的那组是 B。

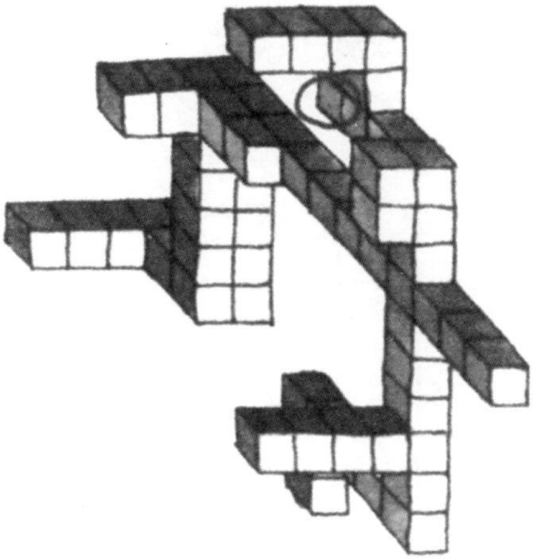

相似图形

答案是 E。E 跟图示的方框都包含四个圆，两个中等大小的红色的圆和两个黄色的圆（一个大圆，一个小圆）。

奥毕森幻觉

是正方形。多条射线扭曲了视觉，看起来置于前方的正方形变形了。

向日葵

图中的向日葵似乎在缓慢地转动，图形周围的图案加强了其转动的感觉。

数字线路

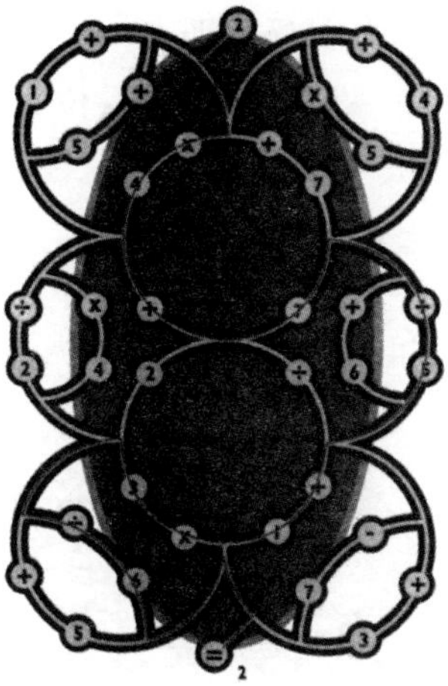

不可能的台阶

你会发现这个台阶并没有最低一级和最高一级的区分，它仿佛永远是走不完的，既不会太高，也不会太低！这就是为什么说它不可能的原因。“不可能的台阶”由基因学家莱昂内尔·彭罗斯于 20 世纪 50 年代中期首先创造。

小区的窗格

答案是B2区。

找序列图

A。按行计算，如果你把左右两边的图形添加在一起，就得到中间的图形。

找时间

B。当你从左向右进行的时候，把每块表上的数字加上1，再把这些数字的第一位移至最后一位。

拼　图

A和C。

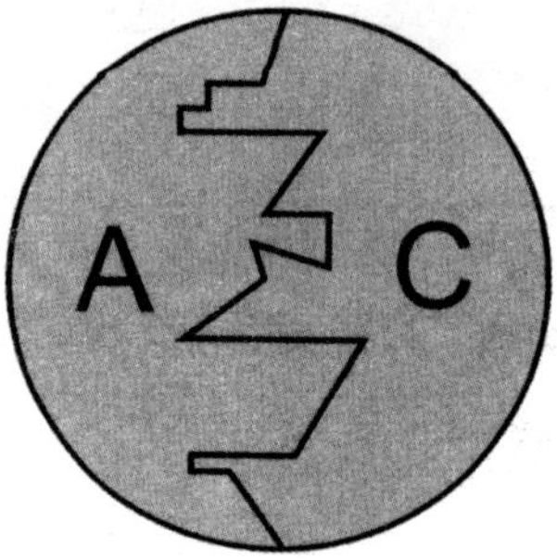

绳子和管道

绳子将与管道脱离。要使这一运动形象化，从管道处出发。从那里沿管道的路线离开中心地区。转过几次弯之后，管道将会在到达迷宫下边的出口，彻底解放出来。

扑克解谜

梅花9。在图中每一列，把上下两张牌的数值相加，所得的和减去2，就得到中间这张牌的数值。

直线球形

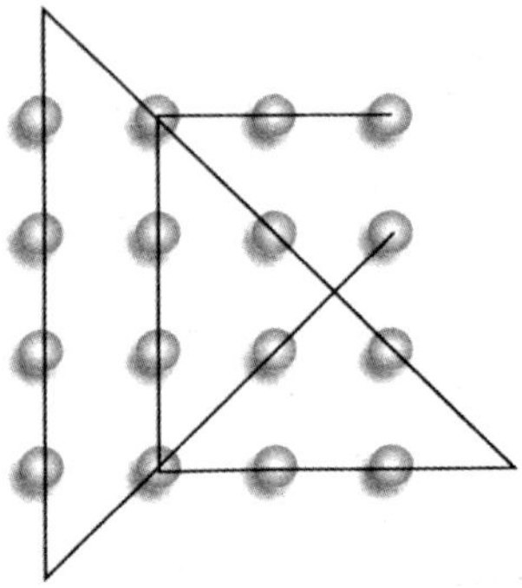

直线图形

C。

其他四项图形相同，只是图形经过旋转后，所处的位置不同。

空白填空

B。

每一行和每一列中都包含这四个符号。

找多余的图形

F。

数三角形

35 个三角形。

图片排序

B。

除了第一行和第三行圆点不动外，其余的圆点都在自己所在的行做往返运动，每次，第二行移动 3 格；第四行移动 2 格；最后一行移动 1 格。每次移动前整个图形都是顺时针旋转 90°。

笑 脸

B。

其他图都是向左看的皱眉，向右看的微笑。

迷 宫

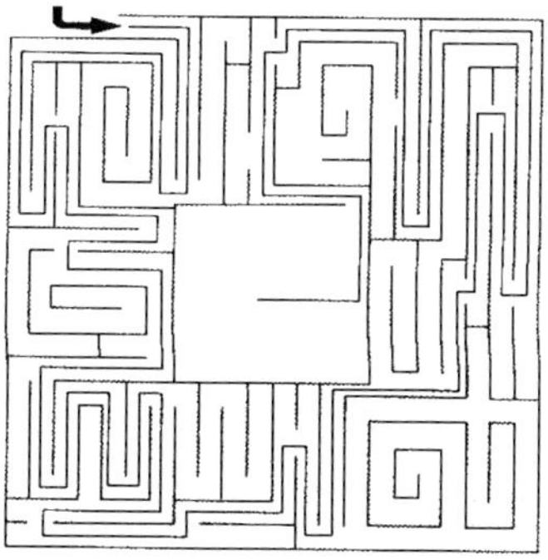

找缺失图形

D。

这样每个横排都包含相同的线，而圆圈分别处在四个不同的位置。

画 圆

从左向右进行，把左边的圆作为起始图形，这个图形与它围绕纵轴反射后的图形组合在一起，就是中间的图形；这个图形与它围绕横轴反射后的图形组合在一起，就得到右边的图形。

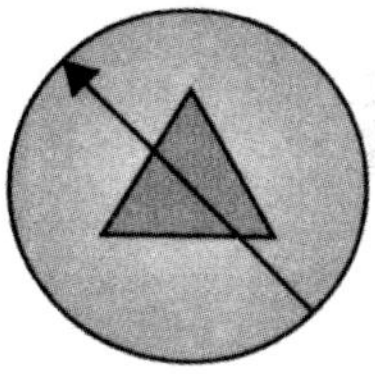

图形计算

问号处应填的数字是 16。

小圆位于左上角的图形代表 4；

小圆位于右下角的图形代表 5；

小圆位于左下角的图形代表 6；

小圆位于右上角的图形代表 7。

组成正方形

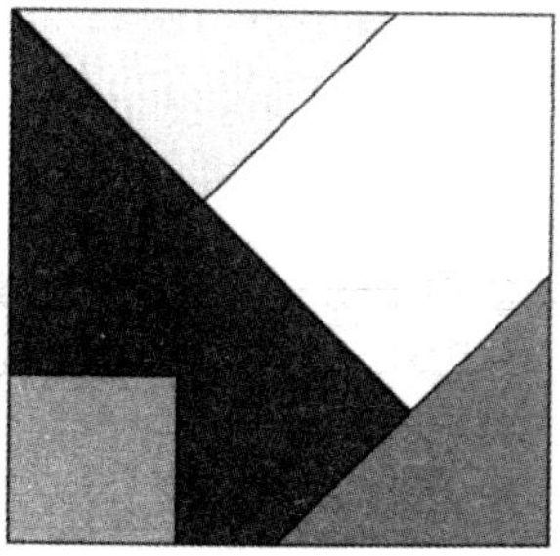

相似圆圈

E。

包括○×○，和A最像。

图形填空

E。

计算规则是：每个小正方形的值为2。因此，第三行值为2×3＋2×2＝10

符号天平

E。

五角星＝8，正方形＝6，圆形＝7。

找规律

D。

外面两层位置相对的两个环中图案相同，靠近中心一层的两个小方块颜色相对，且相邻方块两两一组，颜色相同。

花　形

C。

观察所给图形，每一横行的三个图和每一竖行的三个图之间分别都存在一定的规律：每一横行或每一竖行的第三个图里的线段是由前两个图里的线段组成的，前两个图里相同的线段将被去掉，不同的将被保留。

记忆天平

三个圆圈。

字母游戏

D。

把这个图形垂直、水平分成四份，每个部分的字母都按字母表顺序排列，当你围绕图形顺时针移动时，它们的相对位置逆时针旋转1/4周。

记忆游戏

略

图形旋涡

F。

另外五幅图片都是相同的，图片F则是这些图片中内容的映像。

第一反应

B。

第二部分

细节分析类观察游戏

观察力中的细节观察，是很重要的一环。不细致的观察常常导致错误的结论。善于观察的人，往往能捕捉到常人看不到的东西，因此也能获得更大的生活乐趣。很多时候，细节决定了最终的结果，决定了你眼睛看到的事物的正确与否。

规律牌

请解读这个智力题中的逻辑关系，并找出问号处应填什么数字？

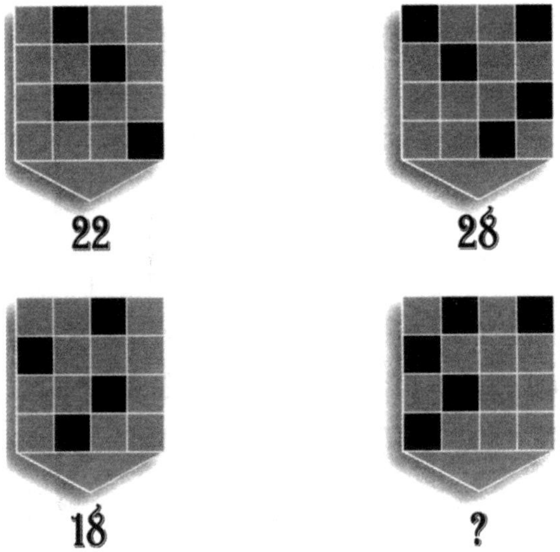

与众不同的海豚

你一定在海洋馆里看过海豚的精彩表演吧！下面就有 4 幅可爱的小海豚的图，其中有一幅与其他几幅不同，请你找出来。

A　　B　　C　　D

渔　网

你能将外面的 18 条“鱼”全部放进中间的“渔网”中吗？

八角齿轮

有一个专门生产零部件的工厂，工人们对每一种型号的八角齿轮都很熟悉。请你也来看一看，下图中的八角齿轮哪两个是完全相同的？

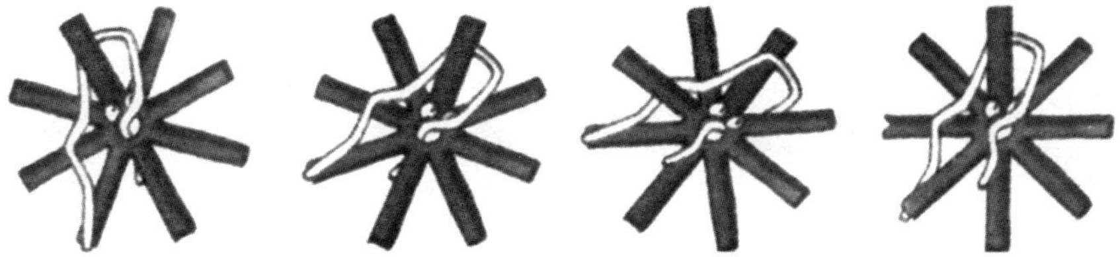

A　B　C　D

时尚地板砖

乔其斯家最近搞装修，妈妈为了让房子变得更漂亮，决定买一种最新流行的地板砖。在著名的家居公司，乔其斯他们看到一种活动地板砖。为了试试视觉效果，他们用五连体六边形地板拼出了下面的图形，还在每个五连体六边形之间用粗线分隔。你能说出左边所列的 4 个五连体六边形中，哪一个没有被用上吗？

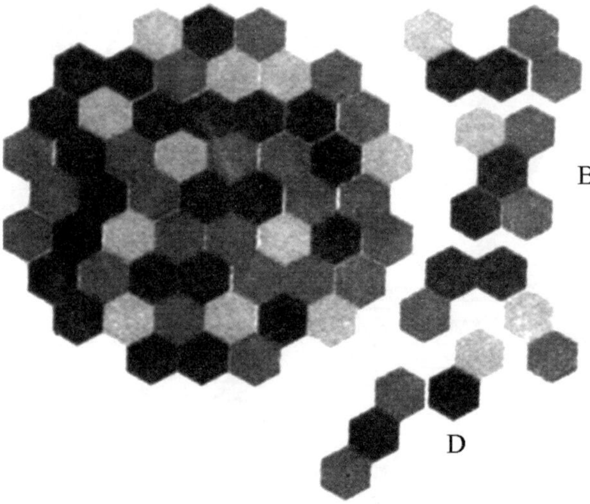

A
B
C
D

不一样的鱼

下面 5 条鱼，有一条与其他 4 条不一样，你能挑出来吗？

A　B　C　D　E

翻转符号

请问最少需要上下翻转几列，才能使每一行所包含的符号种类和数量完全相同？

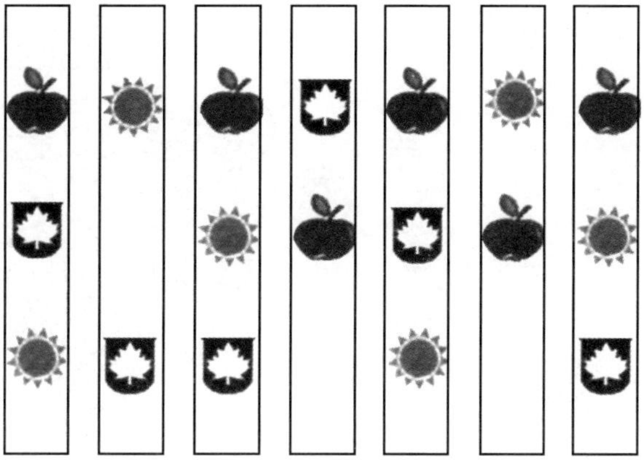

不同的角形

哪个角形与众不同？

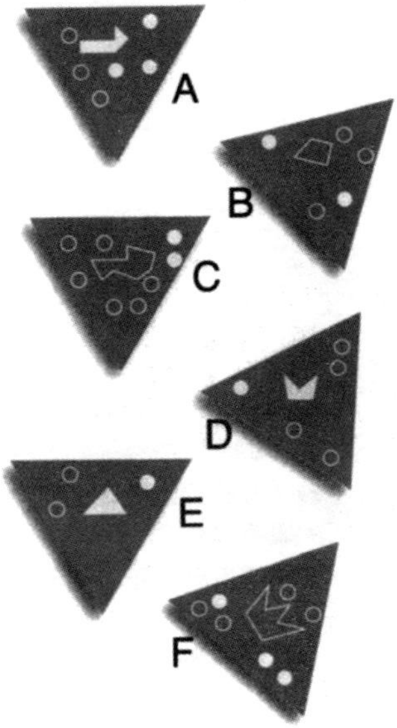

填充游戏

请仔细观察图中的规律，然后选出正确的一项，填入空白处。

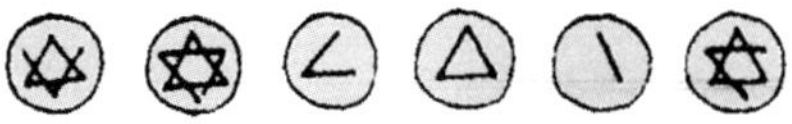

A　B　C　D　E　F

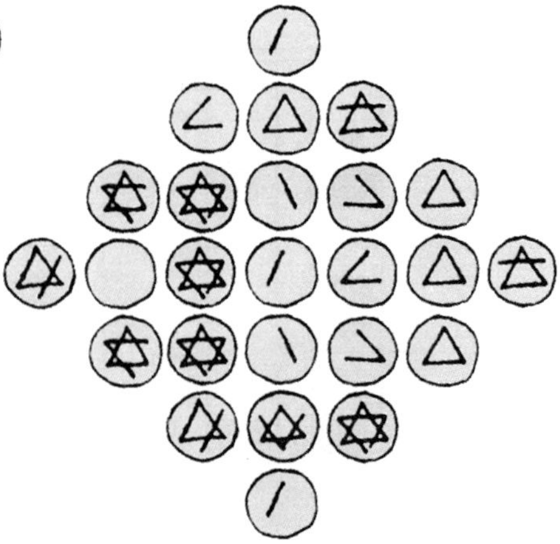

首富家的锁

捷尔特是这座城市最有钱的人，也是全国的首富。以他的财富，可以说是无事不能。但这次捷尔特的麻烦来了，他家的防盗锁出现问题了。钥匙插进去了，却打不开门。锁栓的高度因销的插入部分而不同，看起来这是一把有 5 道保险的坚固的锁。可为什么把钥匙插进去了却打不开呢？

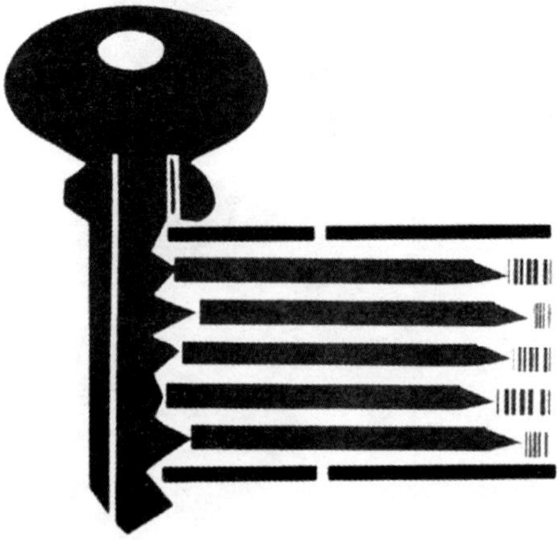

一笔成图

下面这 6 幅图有一些是可以一笔画出来的，有一些是不能一笔画出来的。你能判断出哪些图能一笔画出来，哪些图不能一笔画出来吗？要求是不能重复已画的路线。

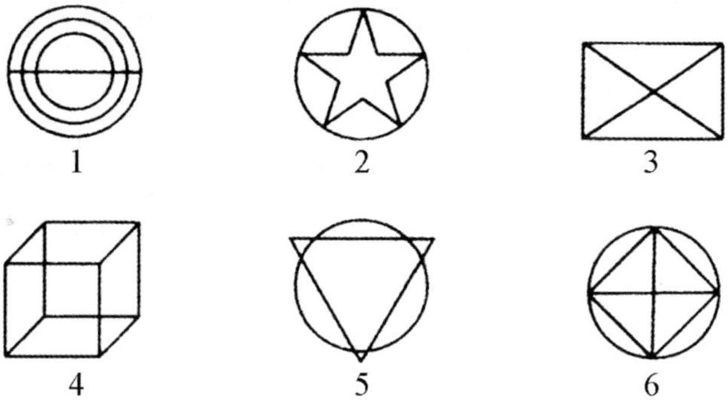

五格六边形

一共有 22 个五格六边形，其中的一部分组成了上面的图形。

你能说出右边的 4 个五格六边形中哪些在左面的图形中没有用到吗？

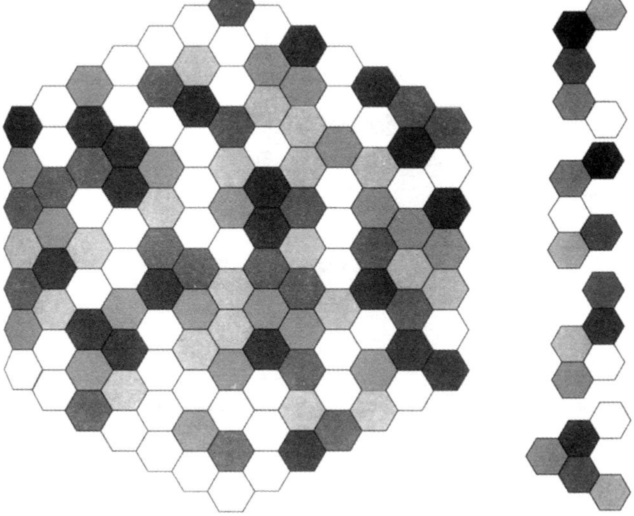

依序找图

你能根据前面 3 个图形的排列规律，从 A、B、C、D 四个图形中选取一个放入“?”处吗?

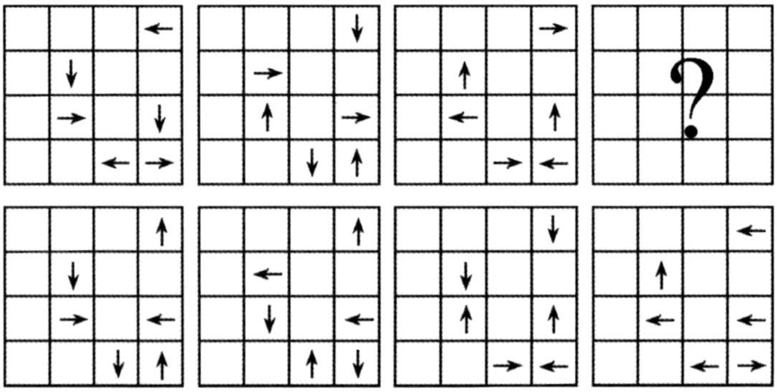

A　B　C　D

铅笔和字母

你能找出右边排列方式中所利用的逻辑关系吗？如果你能够找得出，利用同样的逻辑关系确定出问号处的字母应该是什么。

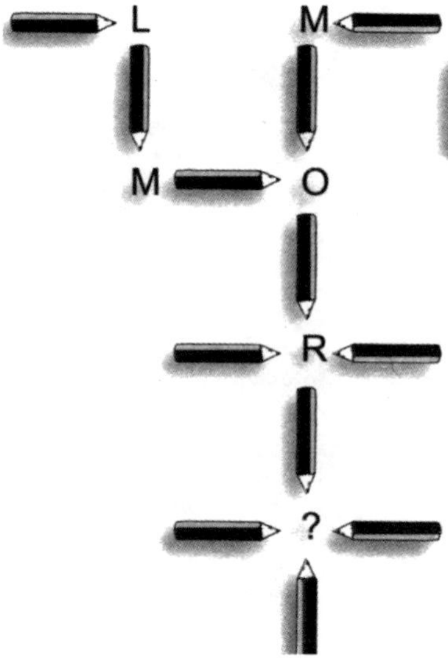

不相称

左边的图，只有一幅图与其他图不同，你能找出来吗？

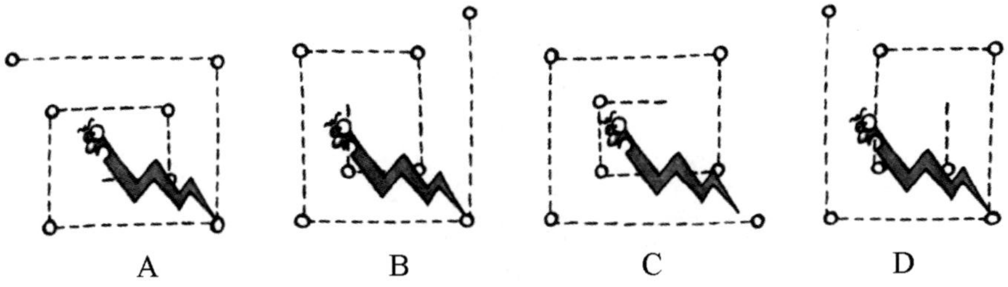

伏尔泰的信息

你能读懂上面的这条伏尔泰的信息吗？从中你可以看出一个英文句子。

法国著名的启蒙思想家伏尔泰（1694～1778）非常喜欢思维游戏，他自己也创造了很多有趣的谜题。

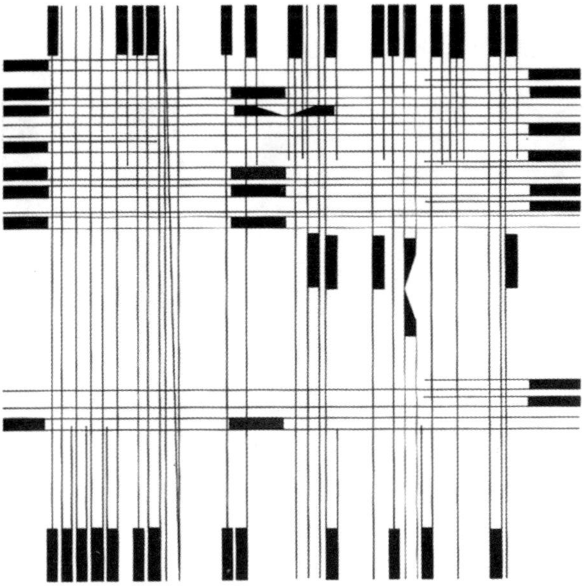

箭的幻象

这个有名的视觉幻象图中只有一支箭尾和箭头是配对的，请你找出来。

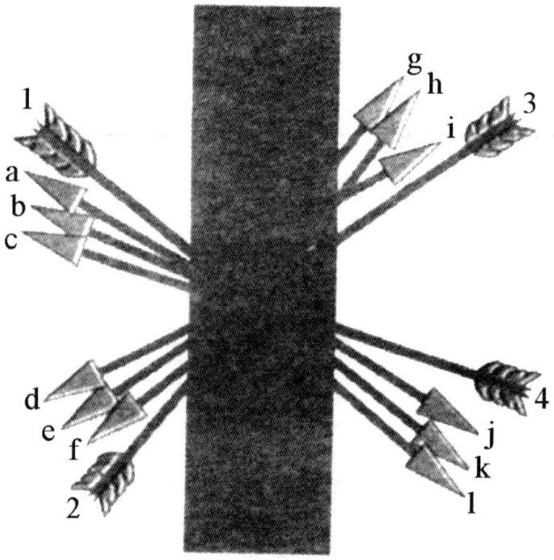

手表时间

空白手表应该显示几点呢？

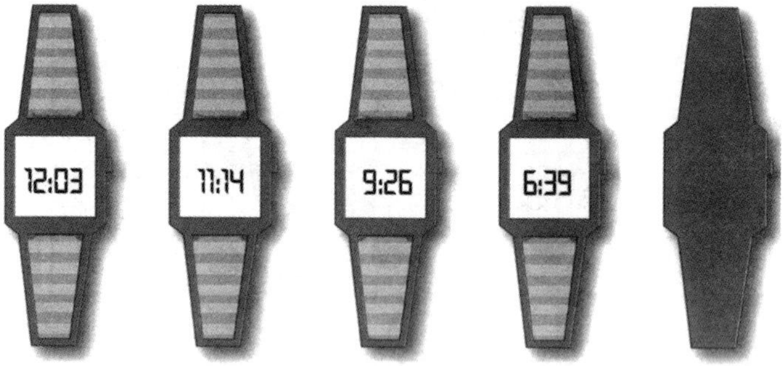

成双成对

图中有若干对靠在一起的两个数字相加恰好等于10。这些成双的数字，或横或竖或斜地靠在一起。请找找看，一共有多少对？

7	1	1	8	7	4	7	5	5	3	1	8	1	6	4	3
2	9	6	7	5	9	2	5	3	6	3	1	4	8	4	8
1	6	5	6	2	4	3	6	8	5	6	6	3	9	7	5
3	2	7	8	1	5	9	6	1	8	7	1	5	8	6	2
5	9	2	1	3	3	4	2	2	4	5	7	7	6	7	2
3	4	3	4	8	6	2	4	7	9	8	4	1	6	3	9
8	3	8	9	5	3	1	7	5	7	5	8	5	1	8	7
3	7	5	4	8	9	1	4	2	7	4	3	1	5	6	5
5	1	8	7	1	6	8	7	8	4	3	8	3	3	6	7
2	6	7	4	5	3	5	4	8	5	3	4	8	1	8	5
3	2	6	2	1	8	4	3	9	4	2	4	1	3	5	3
1	4	5	2	7	1	3	5	2	8	5	2	1	8	1	4
8	3	9	9	6	7	2	6	8	1	2	6	9	7	6	4
5	4	3	2	5	9	3	9	8	3	2	6	2	5	9	6
2	9	4	2	4	8	6	6	6	9	6	5	6	1	8	3
3	5	2	7	8	5	1	5	3	7	7	8	7	2	9	5

与众不同的图形

下面这五个图形中，有一个图形与其他四个图形不同，请把它挑出来。

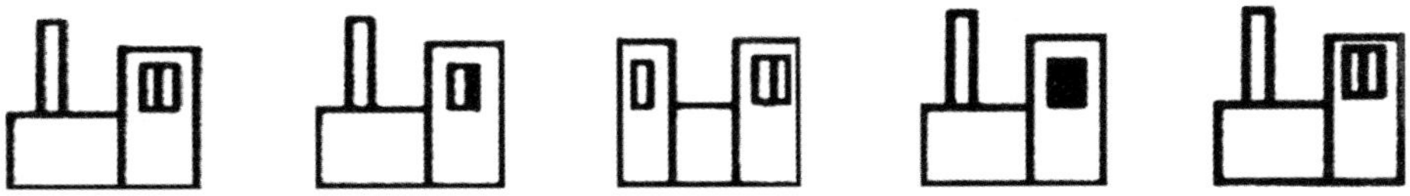

A　　B　　C　　D　　E

动物们排队

驯养员正在对动物们进行排队训练。如果按照下面的排法，问号处排的应该是哪种动物？

求 同

生活中有许多表面看起来风马牛不相及的事物，其实它们之间也有许多相同之处，就像下面两幅画，真可谓一个是牛，一个是马，可它们也有许多相同的地方。你找一找，它们共有几处相同？

一样的蝴蝶

春天来了，美丽的蝴蝶在花丛中飞舞，红的、白的、黄的……绚丽的颜色和图案看得人眼花缭乱。考考你的眼力，你能从图中找出两只一模一样的蝴蝶吗？

找出不相同的图

A、B、C、D 四个图中有一个与其他三个不相同，你能看得出来吗？

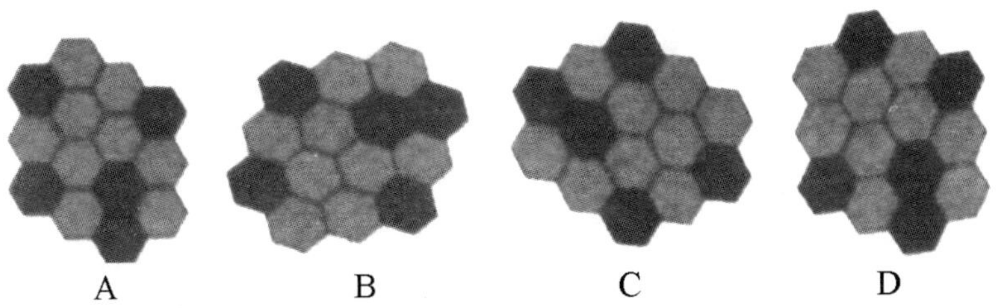

图形接力

问号处应该填入哪一个图形？

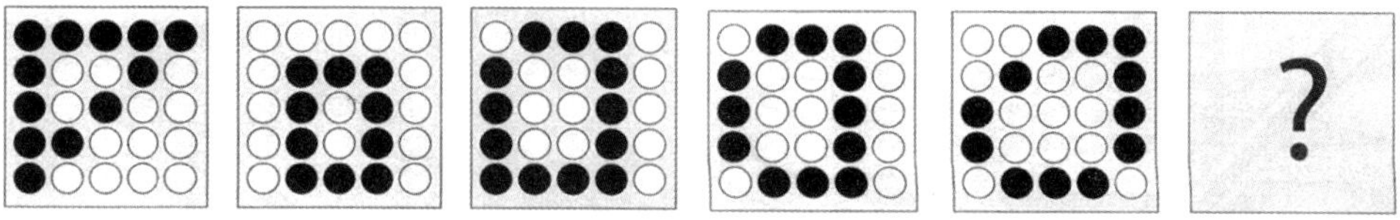

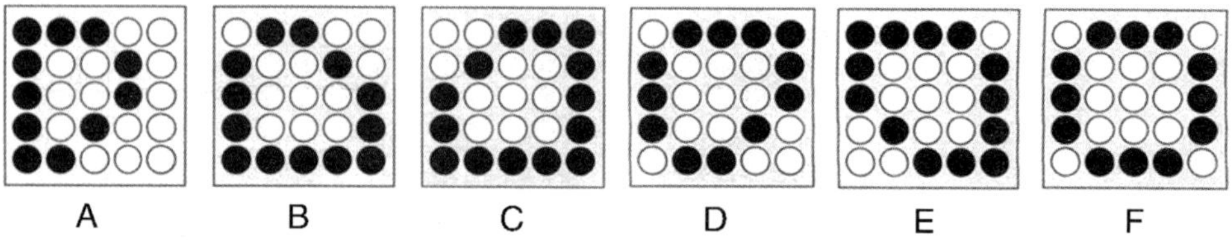

符号序列

哪一个符号可以将这个序列继续下去？

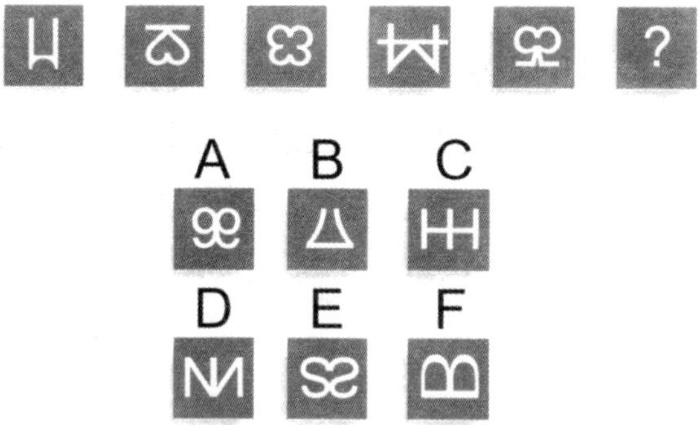

找图片

下面哪幅图和其他各幅都不同？

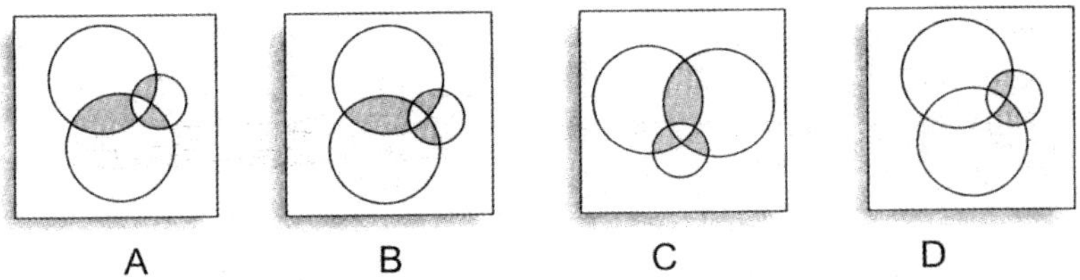

圆盘找图

图中空白处应该填上下列哪个图形？

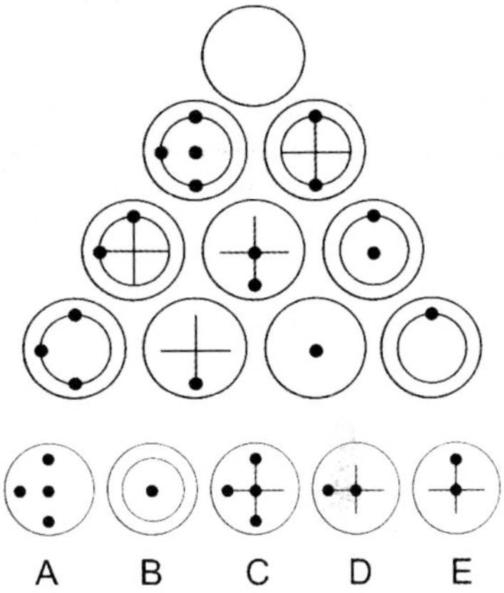

数字八卦盘

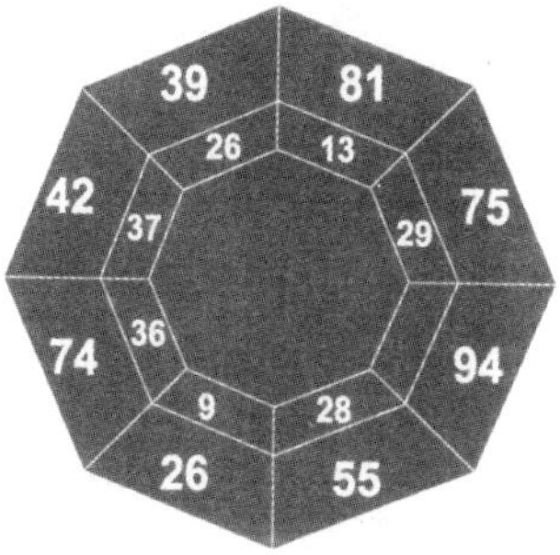

算算看，图中空白处应该是什么数字？

星星谜题

问号处应填入选项中的哪幅图才能解决这道难题？

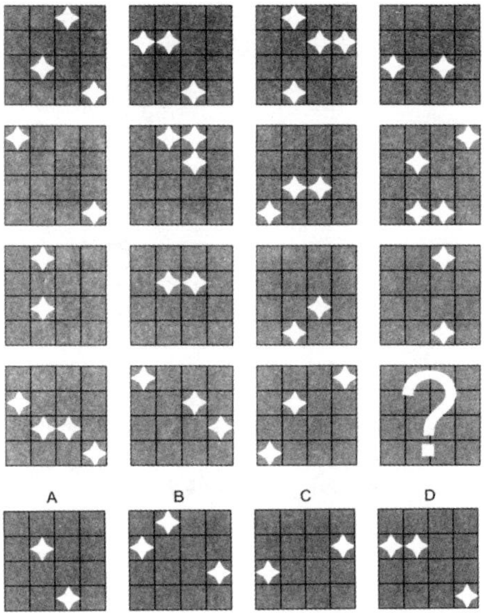

正方体折叠

哪一个直方体可以通过折叠 A 形成？

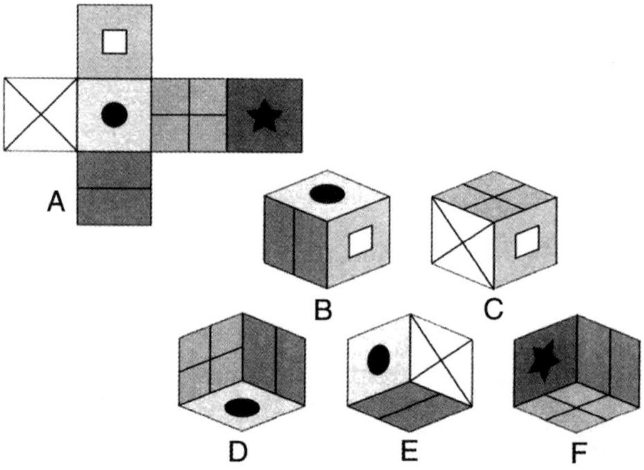

找规律

下面所给的选项中，哪一个可以完成这道题？

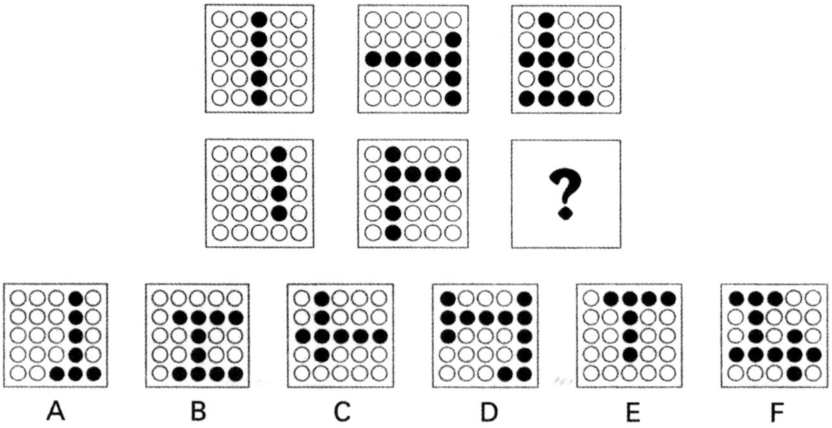

格子填空

最后一格应该是哪一个图形？

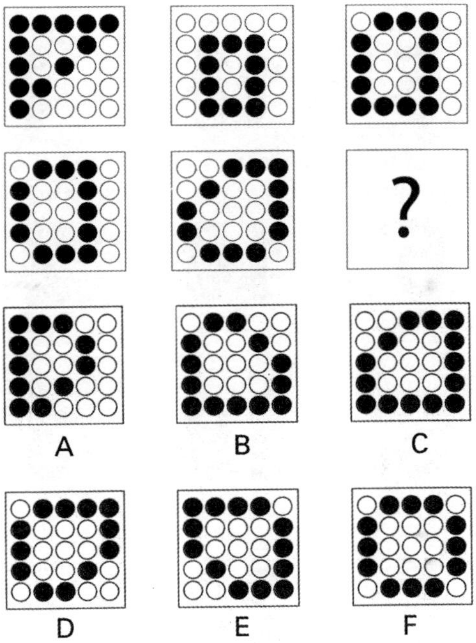

找平衡

每个图形代表一个值。天平 1 和天平 2 已达到平衡。那么，天平 3 上需要多少个圆形才能达到平衡呢？

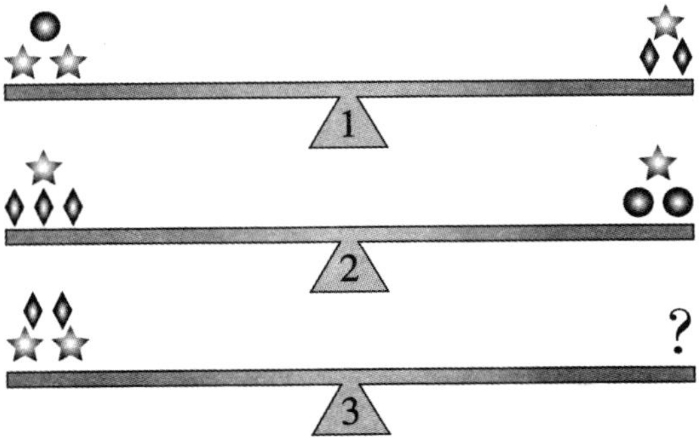

数字逻辑

从逻辑的角度，你能解开这道谜题吗？

5	13	4
6	10	2
3	19	8
6	20	?

三角谜题

看看这一道谜题，什么形状的图形可以替换问号？

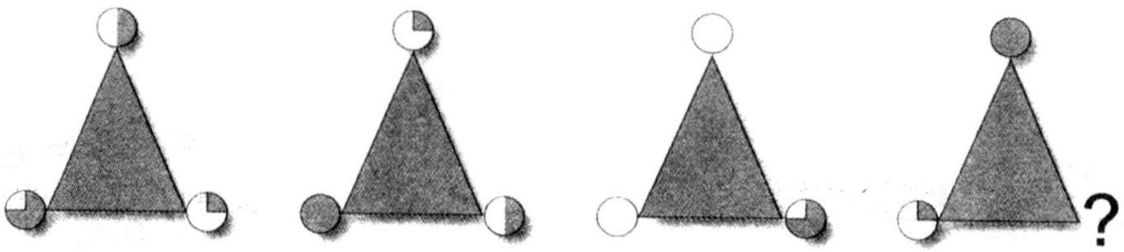

一笔画

从箭头开始你能一笔画完下面的图吗？切记，终点是 X。

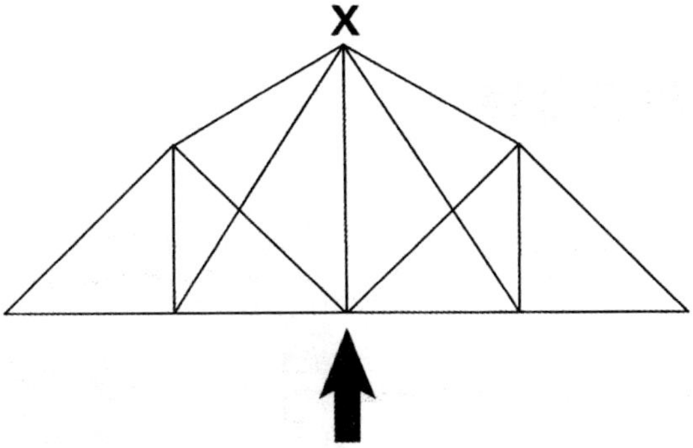

数字匹配

找出哪一对数字与其他几对数字并不匹配。

86	35	54	74
48	15	22	28

色子填空

图中空白处应该填入几点的色子？

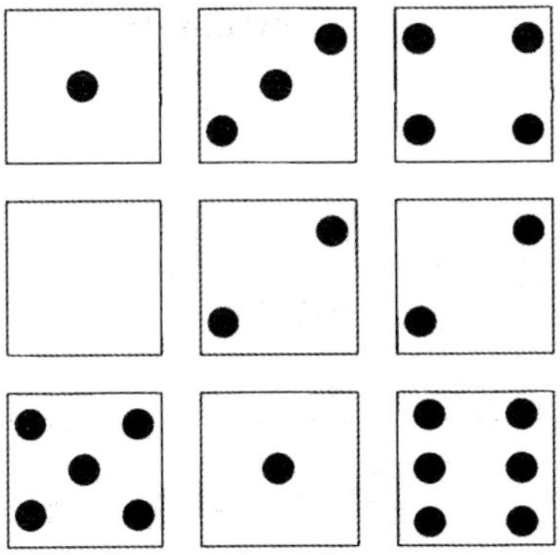

缺　数

你知道图中缺少什么数字吗？

9	3	3
6	2	3
8	4	

计算数值

根据下图，算出 X 和 Y 的数值分别是多少。

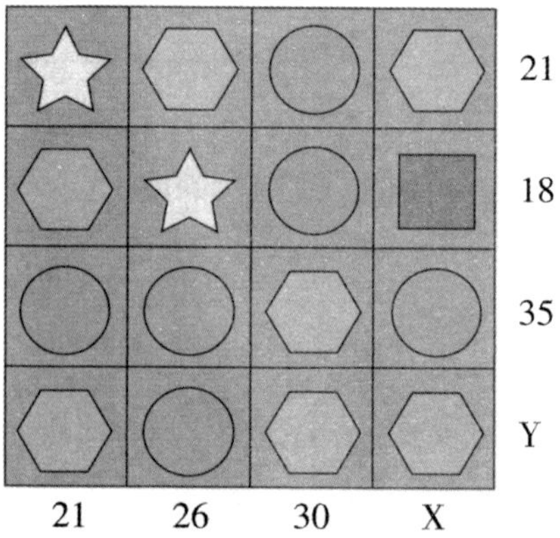

箭头排序

按照这个顺序，接下来将会是哪幅图？A、B、C 还是 D？

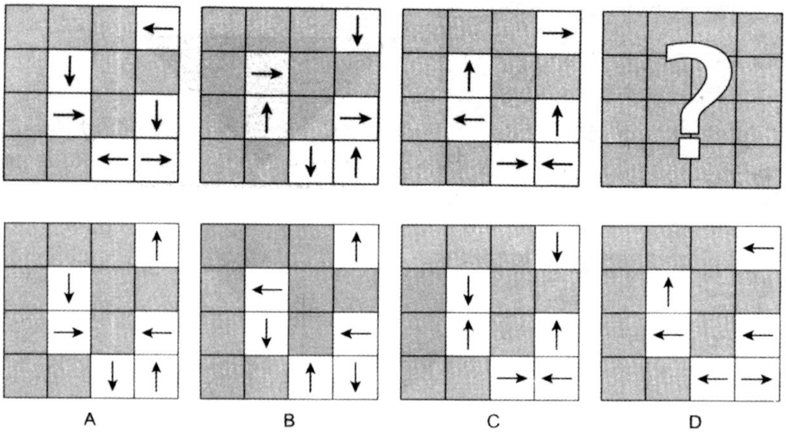

答案及解析

规律牌

问号处应填 20。每个图形的值通过有色方格来计算。

第一列代表的值是 2；

第二列代表的值是 4；

第三列代表的值是 6；

第四列代表的值是 8。

将所有列中有色方格所代表的值相加就是底部的数值。

与众不同的海豚

B。

B

渔　网

如图所示，18 条“鱼”都可以放进“渔网”。

八角齿轮

A 与 B 完全相同。

时尚地板砖

没用用上图 B。

不一样的鱼

答案是 B。

翻转符号

需要翻转 3 列：第一、第三和第六列。可以通过观察星号的位置猜出来。

不同的角形

B 与众不同。每个三角形中圆圈的数量与围绕着的多边形边数相同。

填充游戏

应填 A 项。

首富家的锁

这把锁的设计在于如果你把钥匙拔出来，锁栓就变成了一条直线，那样你不用钥匙就可以开门了。事实上，只有你把钥匙插进去才能把门锁住。

一笔成图

1、2、3 可以一笔画出来，4、5、6 不能一笔画出来。

五格六边形

如图所示。

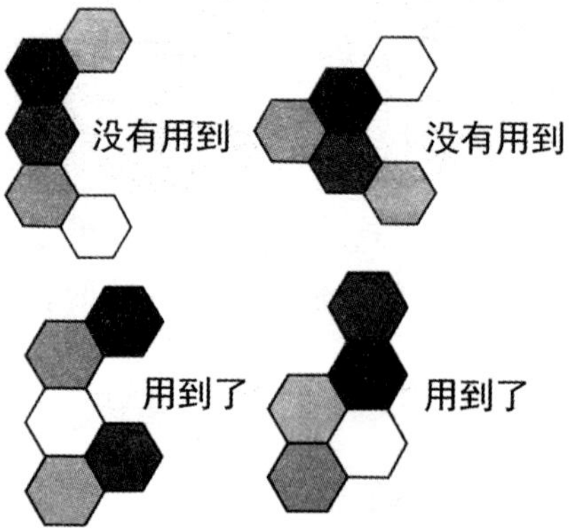

依序找图

B 图。方格中每一个箭头均按逆时针的方向旋转 90 度即可得到下一图。

铅笔和字母

V。这种排列是根据字母表中字母的顺序而排定的。“拐弯之处”的字母是由指向特定字母的额外的铅笔尖引出的。每支铅笔尖所指的字母都可以由“提前一步”的字母所取代。

看一下字母 L（哪个都可以）。字母 L 前进到了字母 M。但是．字母 M 却并没有前进到字母 N，这是因为有两支指向 O 的铅笔尖，可以理解为其中一只就代表字母 N。于是字母 M 就跳过了一步，直接前进到了字母 O。

运用同样的原理，字母 O 带来了字母 R（前进了三步）。而字母 R 则前进到了字母 V（前进了四步）。

不相称

答案是 D。其他的都是顺时针向里旋转。

伏尔泰的信息

将纸与视线平行拿着，你会读

出这条信息："ILLUSION IS THE FIRST OF ALL PLEASURES."

箭的幻象

箭头 e 和箭尾 3 是配对的。

手表时间

应为 2：53。从左向右，小时数依次下降 1，2，3，4。分针数依次增加 11，12，13，14。

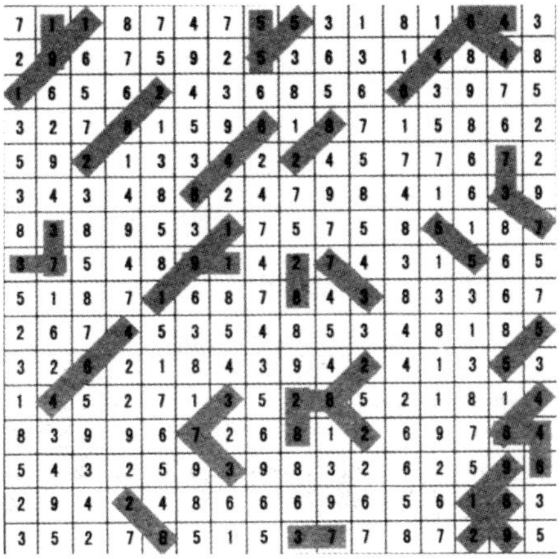

成双成对

共有 44 对。

与众不同的图形

图 C 与众不同。

动物们排队

蜗牛。前 6 种动物为一组，不断重复，每次都把前组的第一个动物去掉，顺序就是：12345623456345656。

求同

有两处相同，如下图。你发现了吗？

一样的蝴蝶

如图所示，A 和 F 是完全一样的。

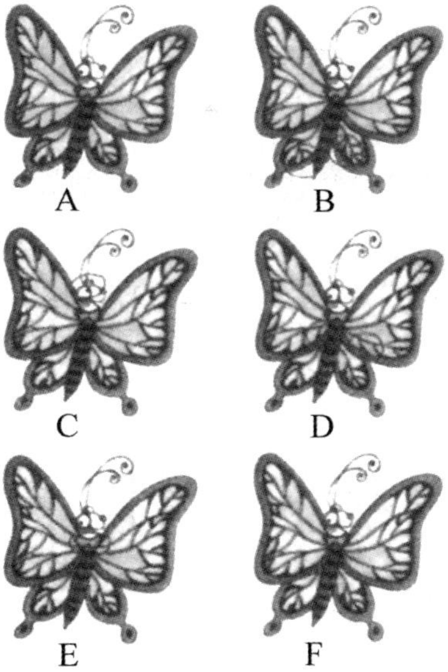

找出不相同的图

A 与其他图不同。你只需把图

旋转就会发现 B、C、D 是同一幅图形。

图形接力

F。

在每个图形中，蓝色的圆组合在一起，形成直边的多边形。从左向右，再从上面一行到下面一行，每个多边形的边数从 3 条到 8 条，分别增加 1 条。

符号序列

A。前五个符号是数字 1～5 颠倒后的映像。符号 A 是 6 颠倒后的映像。

找图片

D。其他三个图形都有三个阴影部分，D 中只有两个。

圆盘找图

D。每个圆圈里的图形是由它下面的两个圆圈里的图形叠加而成的。而当这两个圆圈里有相同的符号或线段时，这一符号或线段将被去掉。

数字八卦盘

9。把外环中的每个数字都看作一个两位数，并把个位数与十位数相乘。再把所得结果加上 1，填在对面的内环位置上。

星星谜题

C。

观察每一行，如果将四幅图中的星星叠加，就会形成一个对称图形。

正方体折叠

F。

找规律

B。

在每一行表格中，左边的表格包含了 1 条由绿色圆点构成的直线．中间的包含两条直线，右边的包含 3 条直线。

格子填空

F。

在每个图形中，蓝色的圆组合在一起，形成直边的多边形。从左向右，再从上面一行到下面一行，每个多边形的边数从 3 条到 8 条，分别增加 1 条。

找平衡

需要 2 个圆形。

数字逻辑

7。

在每一行中，先把右边数字乘以 2，所得结果加上左边的数字，就得到中间的数字。

三角谜题

顺序如下：

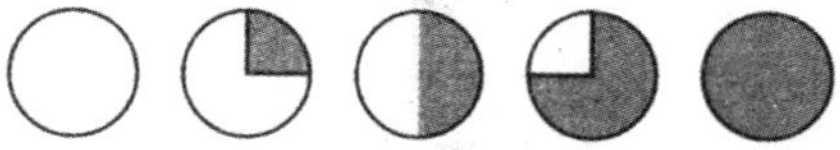

从左向右进行，在每个三角形中，顶角的圆遵循这个顺序移动，底边上相应的圆也遵循这个顺序移动。

一笔画

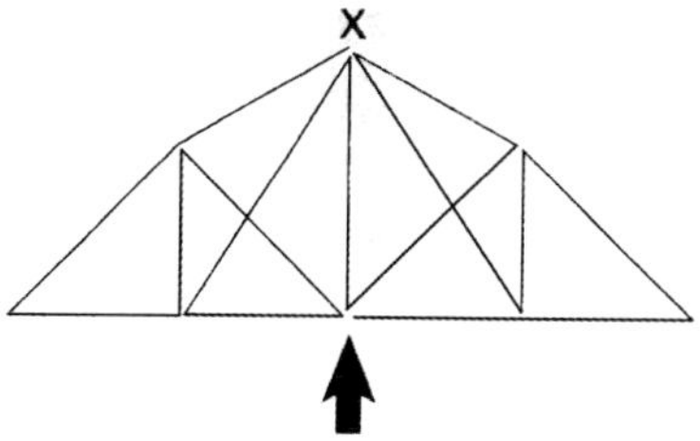

数字匹配

54/22 与其他不同。在其他的几对数字之中，将组成上方数字的两个单独的数字相乘即可得到下方的数字，如：8×6＝48

色子填空

4 点。

每一竖行中两边的数字相减得到中间的数字。

缺　数

2。

在每一行中，左边的数字除以中间的数字，就得到右边的数字。

计算数值

x＝22；Y＝25。每个五角星等于 1，每个六边形等于 5，每个圆形等于 10，每个正方形则等于 2。图中的数字代表了每一行或每一列图形相加总和的数值。

箭头排序

答案是 B。每个图形在各阶段朝逆时针方向旋转 90°。

第三部分

经验常识类观察游戏

勤于观察、仔细观察，才能真正解决问题，在这个过程中，依靠经验常识对观察到的现象进行分析判断，是必不可少的环节。经验常识的观察力锻炼就是考验的你这方面的能力。在真真假假的现象中，在纷繁复杂的推理当中，经验常识起到了重要的作用。我们往往最后都要依靠经验常识来做出正确与否的判断和决定。

聪明的木匠

一位聪明的木匠把两个积木切割成图中的形状；当然，反面也是同样外观。请问，这位木匠是怎么切割的呢？

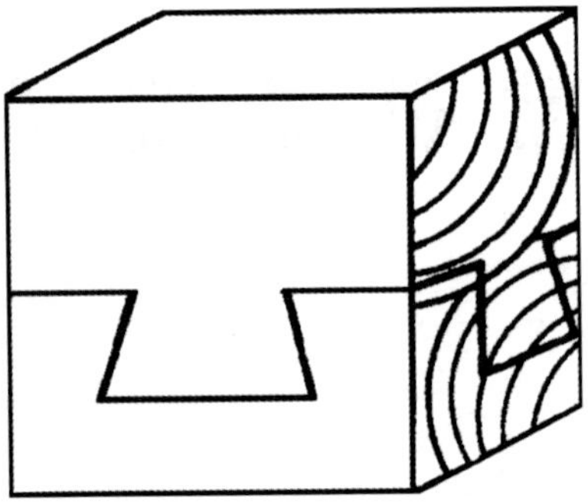

最好的线路

某地组织了一次驱车寻宝活动，宝贝是一颗藏在 Z 村的水晶。活动规定所有参赛车辆先在 A 村集合，然后由参赛者分头去其他 9 个村子寻找线索。最后的胜利者一定是能将 9 个村子的线索综合起来考虑的人。

很多人听到一声哨响，立刻从 A 村出发，并没有事先设计好行车的路线，只是在几个村子转圈走弯路。最先拿到水晶并回到目的地的是李先生。他巧妙地安排了自己的驾车路线，从 A 村到达 Z 村，没有重复经过任何一个村子，就获得了所需的一切线索。

下边是这 11 个村子的分布图。注意，相邻的村子之间只有一条路。

你知道李先生是怎么走的吗？

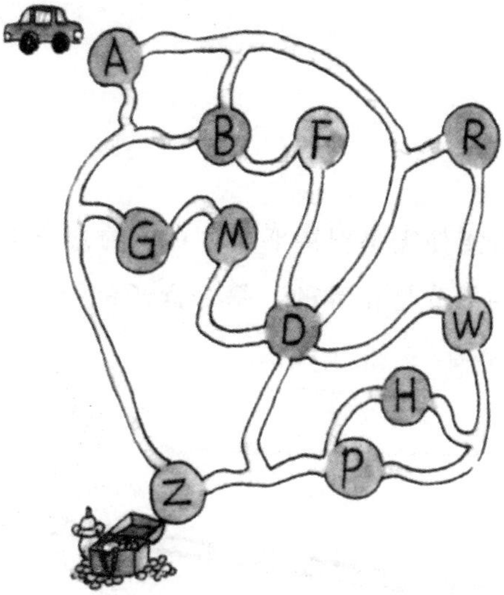

快速建楼房

你能不能不用任何绘画工具，将下图的一间平房变成两层高的楼房？

开环接金链

3个环相连着的金链共有四组，要设法将它们连成一条金链圈，至少要打开几个环呢？

盒子里的物品

仔细观察下图，若想使天平保持平衡，右边的盒子里应放入多重的物品？注意：标尺上所划分的部分是相等的，每个盒子的重量是从盒子下方的中点开始计算的。

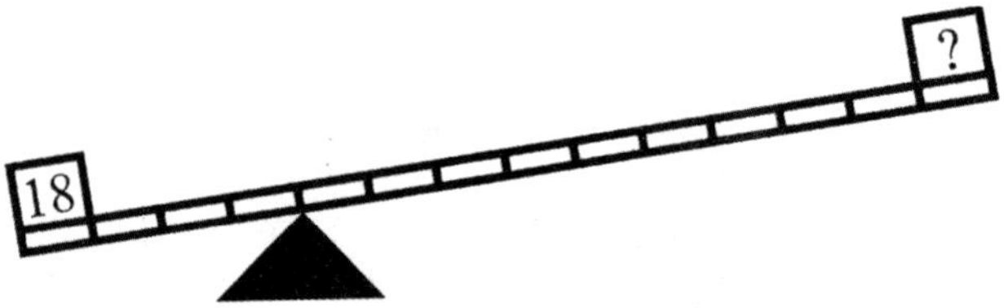

汉字积木

在下面的积木块中，这五块积木可以组成汉字“上”，你知道应该怎么拼吗？

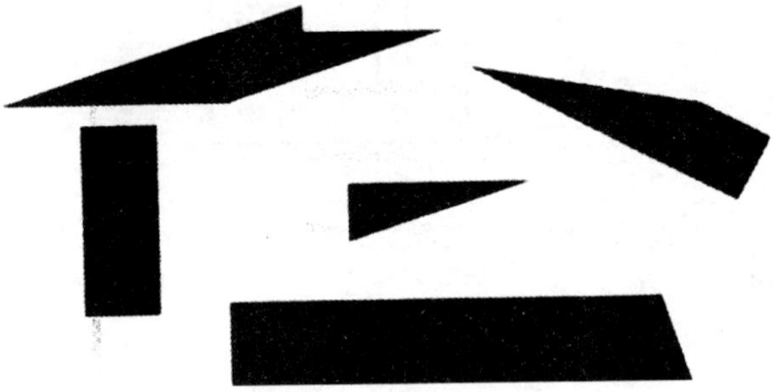

推断点数

一家四口聚在一起玩麻将，他们每个人都掷了一粒骰子。请你根据各个骰子显示的点数，推出第三粒骰子“?”处是几点。

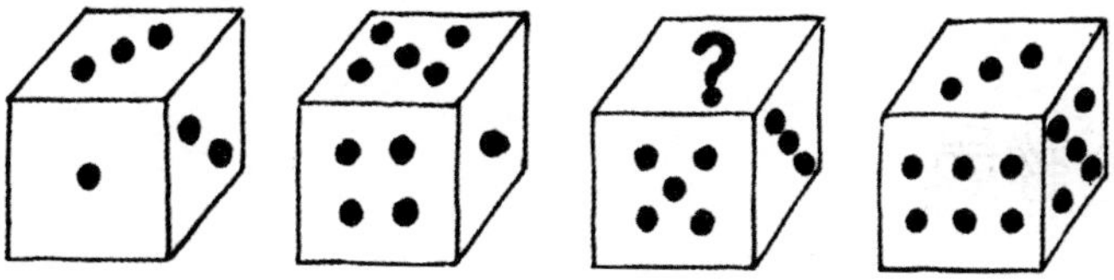

取代图形

可以取代问号位置的图形应是 A、B、C、D 中的哪一个？

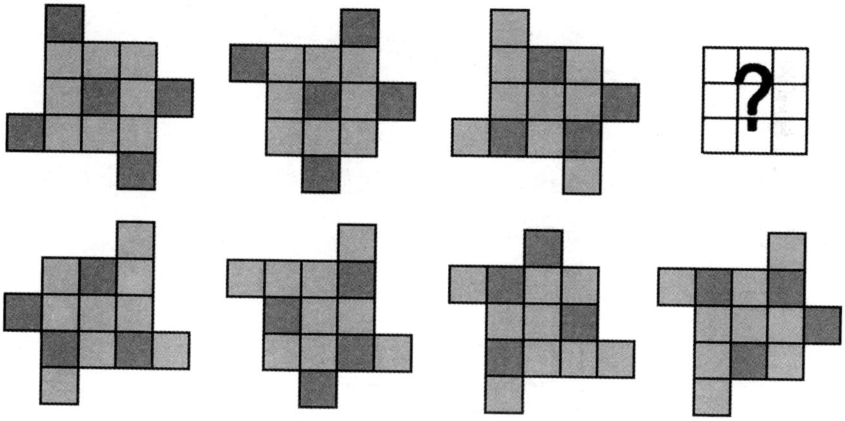

A　　B　　C　　D

买一送一

某人花了一辆车的钱买了两辆车，但是他却没法找到第二辆车，你能找到吗？

不成立的等式

下列的不等式是用 14 根火柴组成。请移动其中一根火柴成为正确等式。

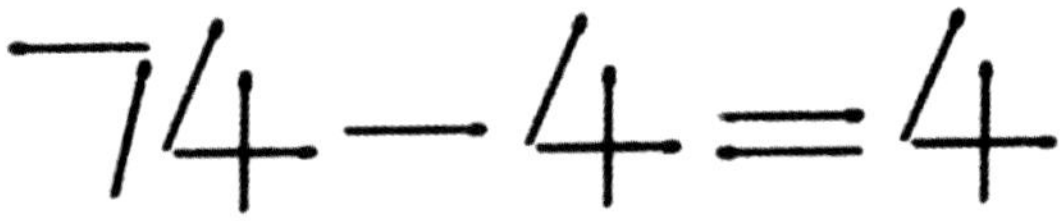

填方格

仔细观察下面方格的规律，它好像是我们经常接触到的一个东西！只要你联想到它，立刻就能将方格填写完整了。

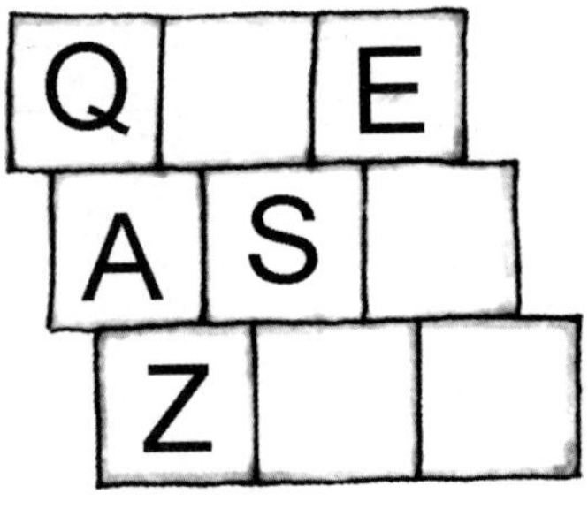

奇妙的莫比尔斯环

拿出一张长纸条，将其中一端翻转之后，再把两端连接固定，形成转折 1 次的纸环，即如图 1 的“莫比尔斯环”。莫比尔斯环最奇妙的不是如何形成，而是在不断剪裁中，纸环的无穷变化令无数人惊叹。

接着将转折 1 次的纸环沿宽度的 1/2 处剪开（图 1 的虚线），如此会形成一个两倍长，并转折 2 次的纸环（如图 2）。再把转折 1 次的纸环从宽度的 1，3 处剪成三等份后，会出现什么情况呢？请先仔细思考，再自己动手实验。

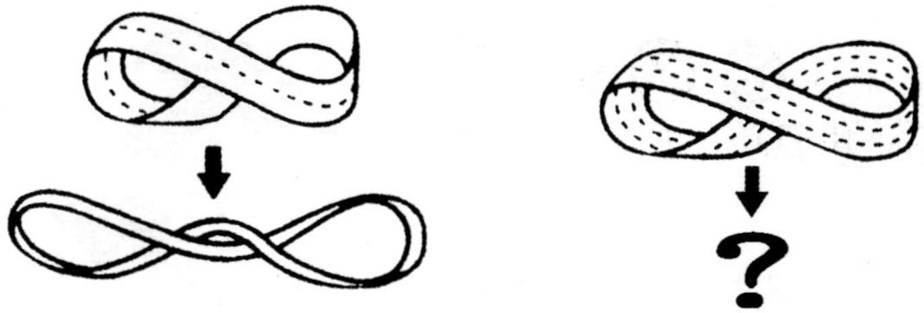

图1　　　　图2

巧动铁丝

哥哥找来 8 根铁丝，其中有 4 根铁丝等于另外 4 根铁丝长度的一半。他想用这 8 根铁丝做成 3 个大小相同的正方形。要求不能将铁丝弯曲，应该怎么做呢？

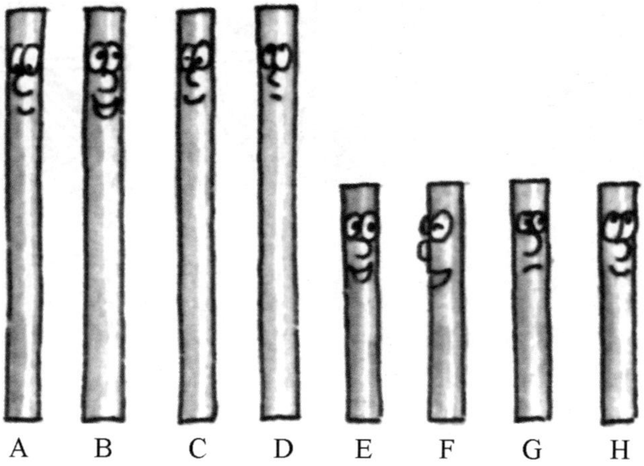

组合新数字

数学王国里的数字非常奇妙，请将下图中的各个部分重新组合成数字，看看与哪个选项相符。

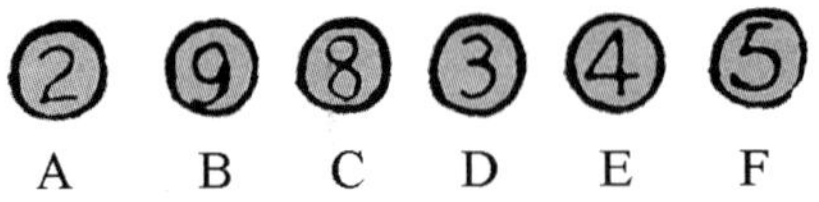

补轮子

图中最后一个轮子缺的应是哪一块？

一笔画图

考古人员在希腊进行发掘工作时，使一批奇异的古代遗迹重见天日。他们发现很多纪念碑的碑文上反复出现下面由圆和三角形组成的符号。

这个图可以一笔画出，任何线条都不重复画过两次以上。不过，如果采取那种更为一般的、允许同一线条可以随意重复画过的画法，只是要求用尽可能少的转折一笔画出这个图形，它无疑会成为很好的一道趣味题。你知道怎么画吗？

镜子里的时间

田华做完作业，一抬头看见镜子里的钟表上显示的时间是 9：35。请你帮她想想，钟表实际上是几点？

能否保持平衡

将下面的砝码放到秤盘上，使整组天平保持平衡（也就是说使这三根秤杆保持水平）。假设秤盘和秤杆的重量可以忽略不计。能做到吗？

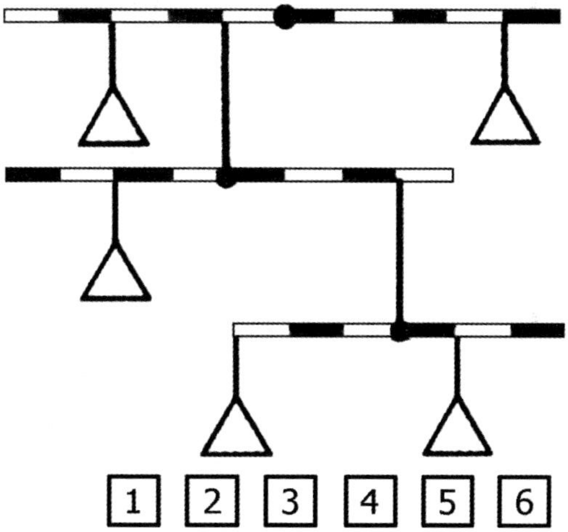

平　衡

请问：图中的问号处填什么符号，才能与左面的符号保持平衡？

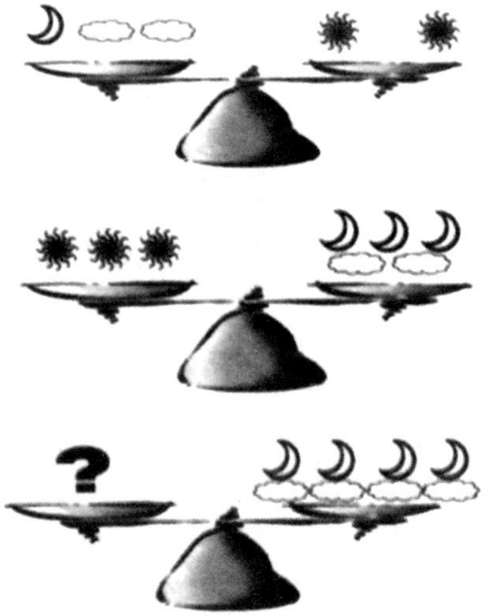

疯狂的艺术家

有一位疯狂的艺术家为了寻找灵感，把一张厚为 0.1 毫米的很大的纸对半撕开，重叠起来．然后再撕成两半叠起来。假设他如此重复这一过程 25 次，这叠纸会有多厚？

A. 像山一样高　　　　C. 像一栋房子一样高

B. 像一个人一样高　　D. 像一本书那么厚

“大于 3，小于 4?”

用 3 根火柴摆出一个符号，要大于 3，小于 4。应该怎么摆呢？

奇特的烤肉串

如果用这个架子去烤肉，是穿串者痛苦，还是食用者更痛苦呢？

神奇的折叠

有一个三角形，一面为黄色，另一面为红色。将三角形的一个角与另一个角对折，如图所示，你会发现这 3 条折叠线交于一点。

是不是所有的三角形都具有这样的特性呢？

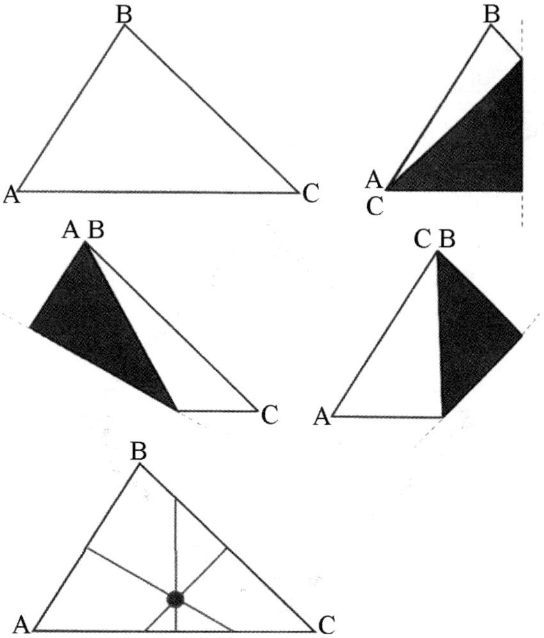

拼八角星

小明按老师的要求，将正八角形（如下图所示）画在一块薄纸板上，然后在纸板的中间挖了一个正八角形状的洞。可是，他做完这些就不知道该怎么继续了，老师要求将薄纸板上的图形剪成 8 块，再拼成一个八角星，并且中间也要留一个八角形的孔。快来帮帮小明吧！

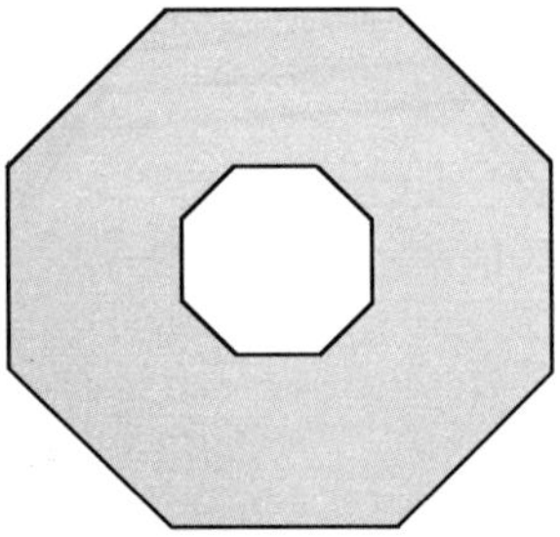

陌生的邻居

在一个菱形的小区的中央住着 4 户人家，他们的草坪分别在菱形小区的 4 个角落（如下图），但他们都不愿意和邻居打招呼，想独自不穿过别人家的区域就能到自己家的草坪去。假如你是这个小区的物业管理员，你该如何让这 4 条路都不彼此相交就能到达他们自家的草坪？

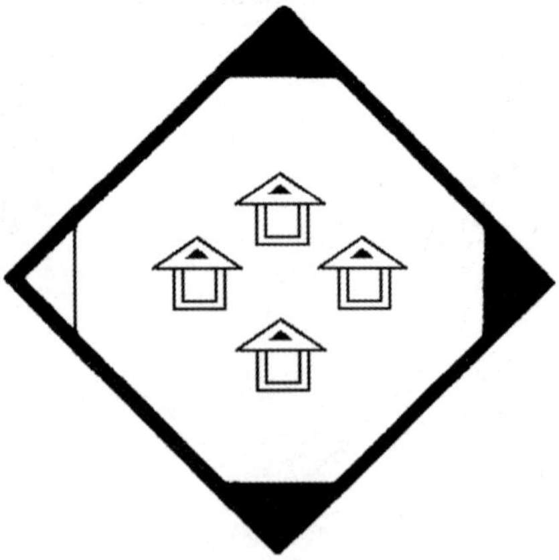

孤独的小星星

遥望璀璨的星空，几颗小星星亮晶晶的，在那里眨着眼睛。嗯？那里怎么有一颗孤独的小星星？它不属于这个星座吗？请你将它找出来。

路线图

如何画出 A 至 a、B 至 b、C 到 c、D 到 d 的路线，使这些路线没有相互交叉点？

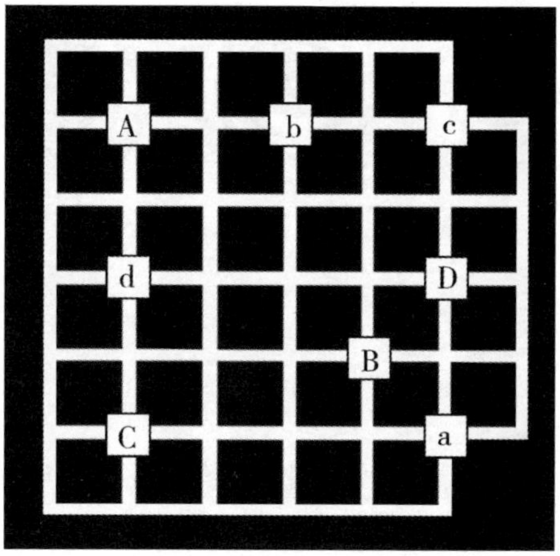

字母拼接

请你认真观察下图，想一想它可以拼接成 4 个选项中的哪一个字母呢？

（1）D　（2）E

（3）F　（4）C

不同的螺旋蚊香

夏天的晚上，蚊子总是在耳边飞来飞去，小明实在难以忍受，就去买了几盘螺旋蚊香。在下列几个蚊香图案中，你能找出与其他图案都不同的一个吗？

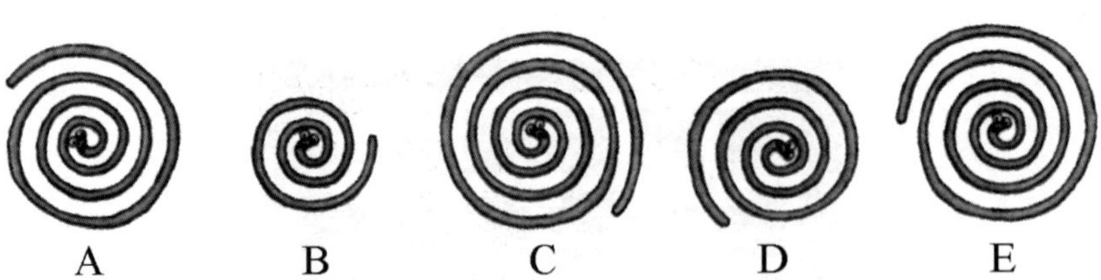

改装扇子

爸爸到南方出差时给小妹买回两把银杏叶形状的扇子（如下图所示），小妹非常高兴，拿着扇子不停地摆弄。后来她发现这两把扇子扇起来风不够凉快，于是想各剪一刀把它们拼成一个正方形。来和小妹一起想办法吧！

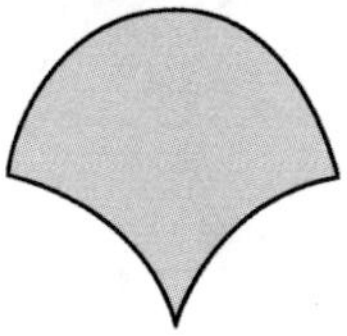

阿拉伯人的头巾

阿拉伯国家的人喜欢戴头巾，他们的头巾各式各样，十分好看。左面这块带刺绣的正方形的头巾是由很多个小正方形组成的。你能数出头巾中共有多少个正方形吗？

冬天还是夏天

小丽从小就想当一名画家，她养成了认真观察周围景物的好习惯。下面是她画的两幅画，一幅是在冬天画的，一幅是在夏天画的，你能区分出来吗？

哪个可以替换

下面有几个六边形，你能判断出其中的哪一个可以替换图中的问号吗？

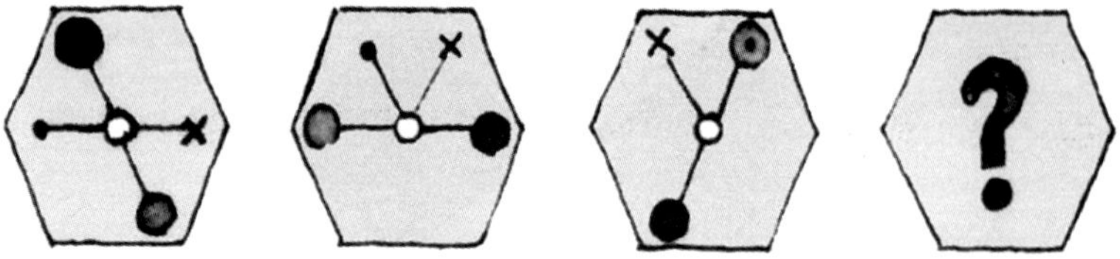

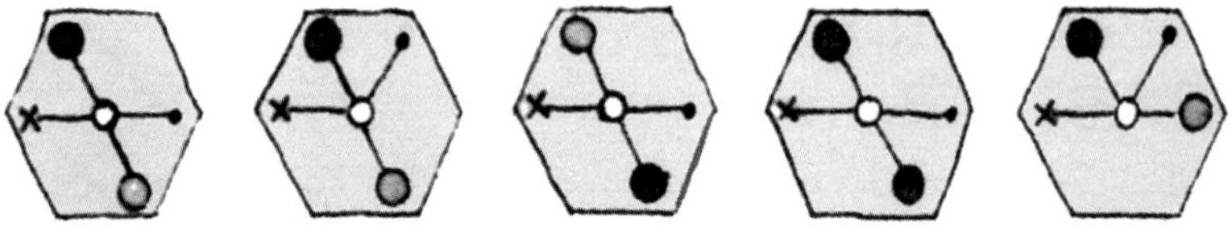

A　　B　　C　　D　　E

胡夫金字塔的测量

埃及金字塔是世界七大奇景之一，其中最高的是“胡夫金字塔”，它的神秘和壮观令无数人惊叹。其底边长 230.6 米，由重达 2.5 吨的 230 万块巨石堆砌而成。金字塔塔身是倾斜的，即使有人爬到塔顶上，也无法测量高度。后来有一位数学家解决了这道难题，请问他是怎么办到的呢？

能打结的绳子

几个姑娘有说有笑地坐在一起给绳子打结。你也来加入她们吧！下图中有 4 根绳子，用力拉绳的两端，哪一根绳子能打成结呢？

A　　B　　C　　D

找错误

下面的阐述中，哪一个是不正确的？

A	2943	=	9
B	2376	=	9
C	7381	=	6
D	4911	=	6
E	7194	=	3
F	5601	=	3

丝巾下的海马

下图中的海马被丝巾遮住了一个角，请你仔细观察，然后从 A、B、C 中选择被遮住的图形。

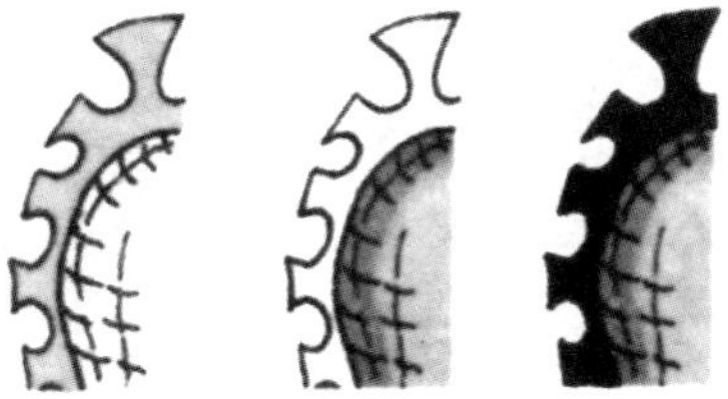

A　　B　　C

相撞的球

注意观察图中的两个小球，看一会儿，你发现了什么奇妙的事情吗？

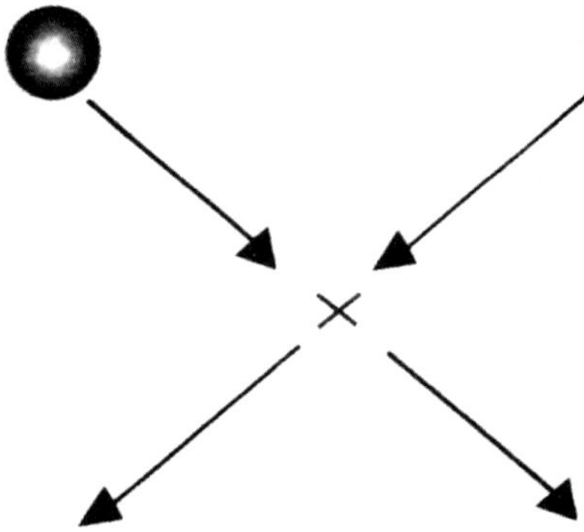

谁在左边

很多人到了一个陌生的地方，经常分不清东南西北，但对左右的问题却绝对不在话下。不过，什么事情都不是绝对的哟！不信就来试试下面这道题：明明的左边是巧巧，巧巧的左边是花花，花花的左边是沙沙。请问：沙沙永远都在明明的左边吗？

找时钟

找一找，下面的时钟哪一个不同于其他的？

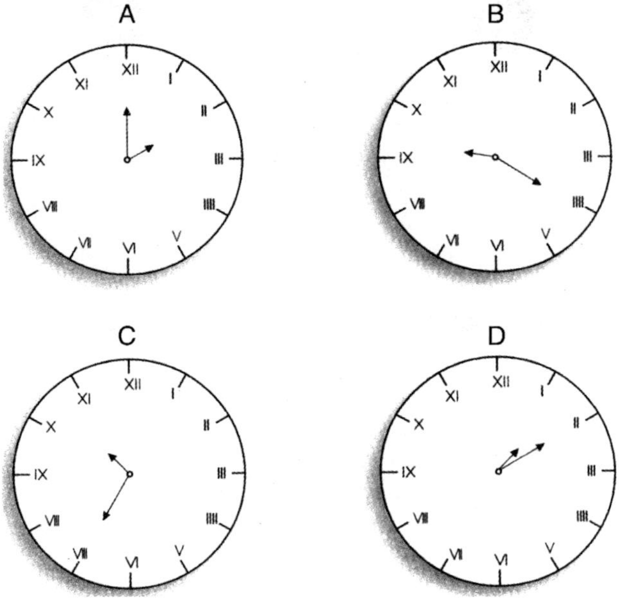

筛　子

六个部分中哪一个可以完成这个问题？

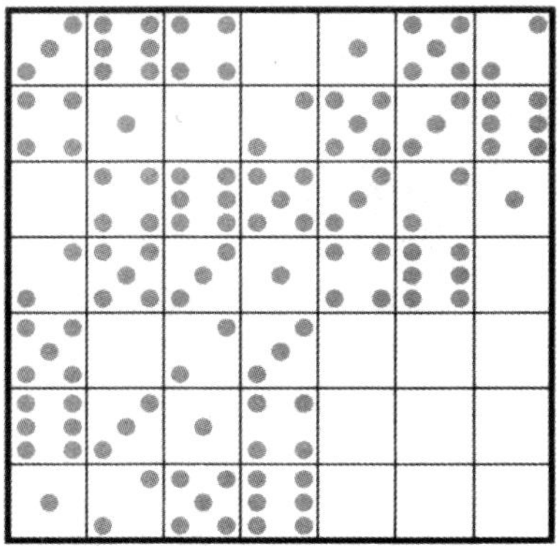

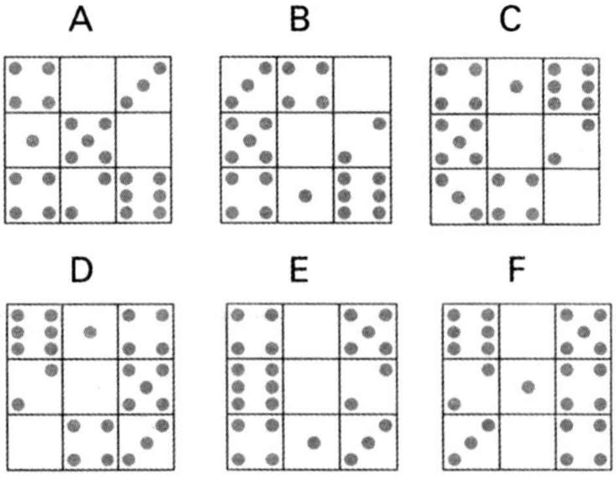

数字计算

在空格中填入正确的数字，使所有上下方向的运算等式成立。

	+		=	6
−		×		+
	+	4	=	
=		=		=
3	+		=	

九宫格

要完成这道题，你认为问号一格应该换成什么数字？

48	30	20
24	15	10
72	45	?

25　28　30　35　39

三角填空

A、B、C、D 四个选项，哪个可以完成这组序列图？

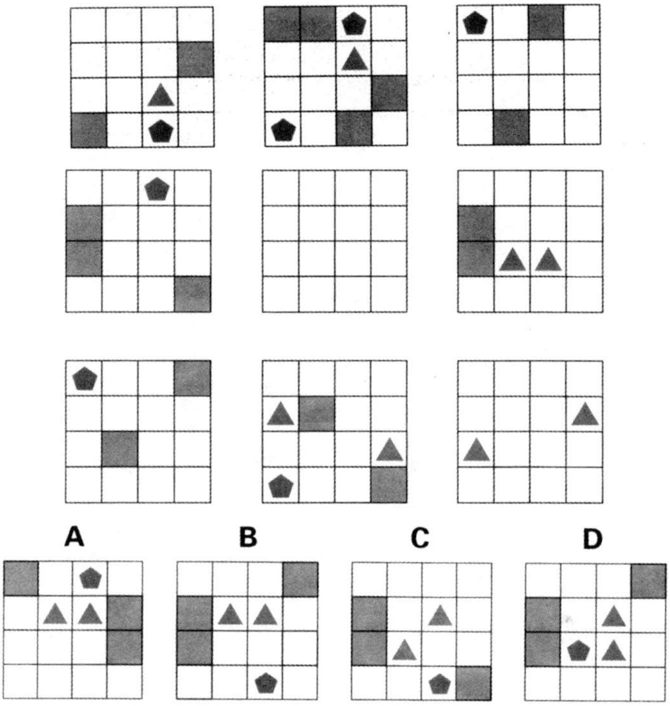

扑克牌填空

你能看出图中缺少哪张扑克牌吗？

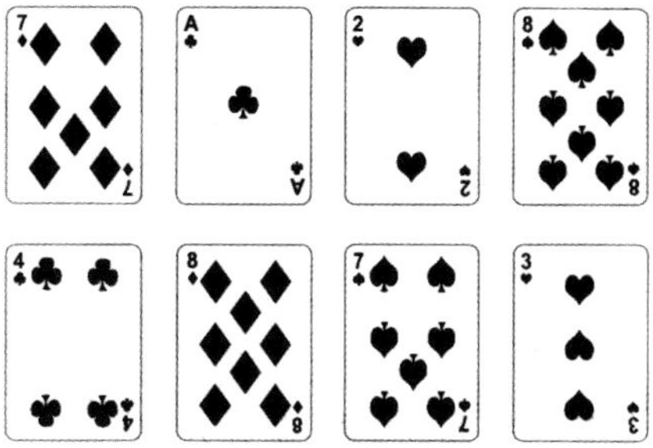

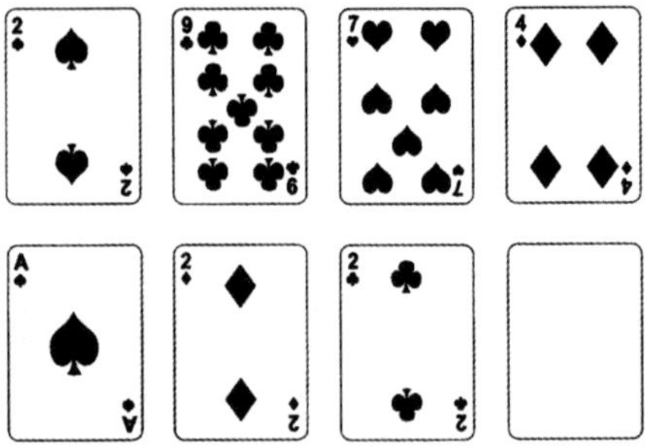

冠军台

你能填入这个缺少的数字吗？

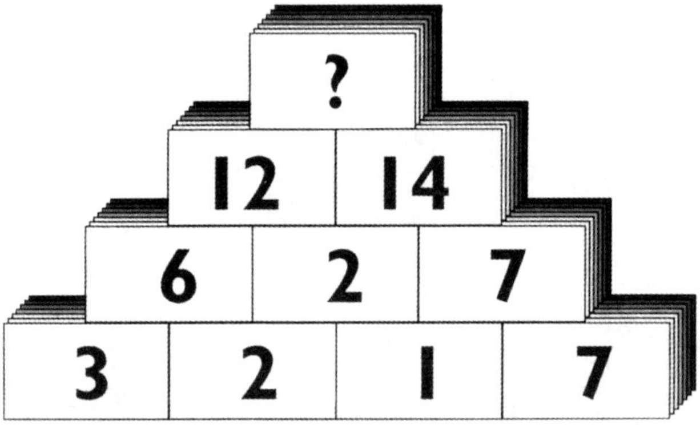

火柴移动

只移动三根火柴，将这个形状变成由三个菱形组成的立方体。

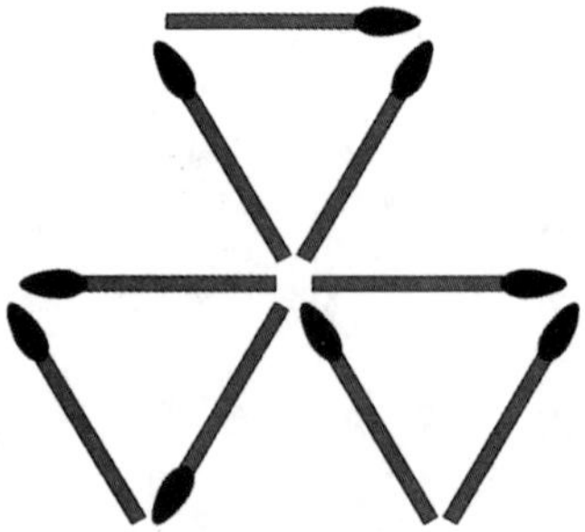

天平称

用合适的图形替换图中的问号，使天平保持平衡。下面所给的选项中，哪一个可以完成这道题？

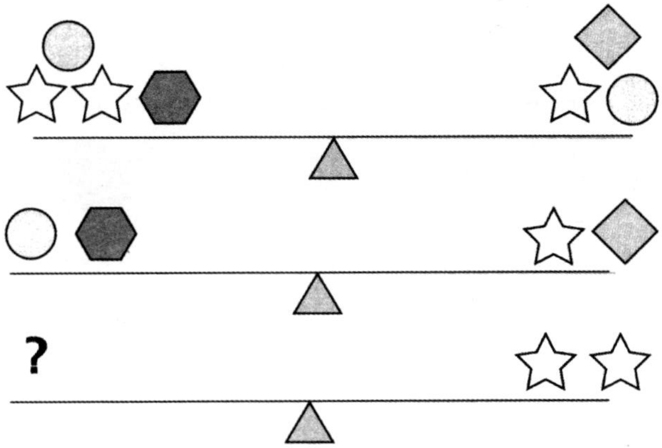

找星星

看看这些星星，最后一个星星中缺少什么呢？

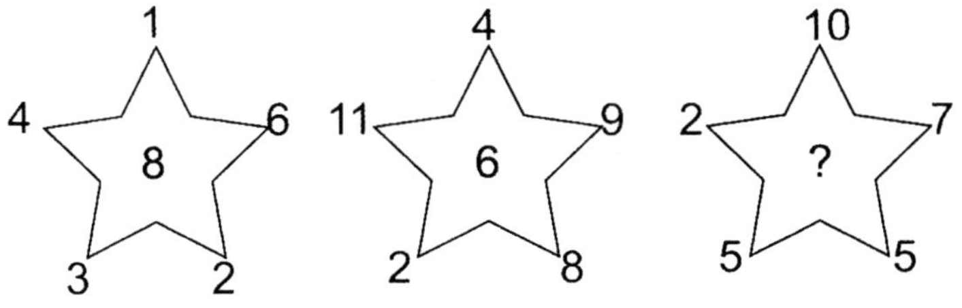

正方形拼图

B、C、D、E、F 五个选项中哪个可以与 A 组成一个完整的正方形呢？

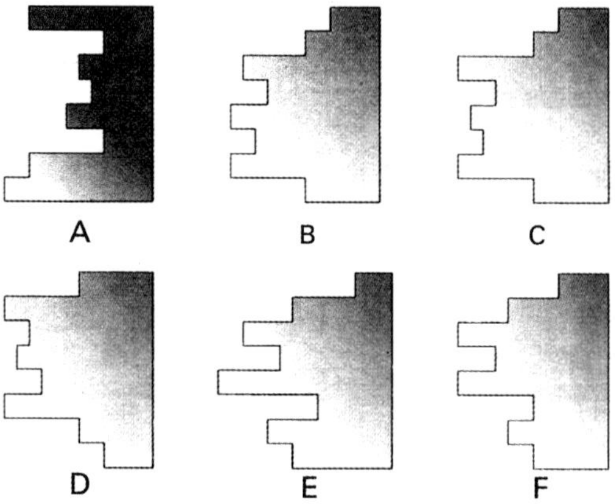

圆柱体

如果你将下面这个图形卷成一个圆柱体，那么哪一个选项将会是与这个圆柱相像的呢？

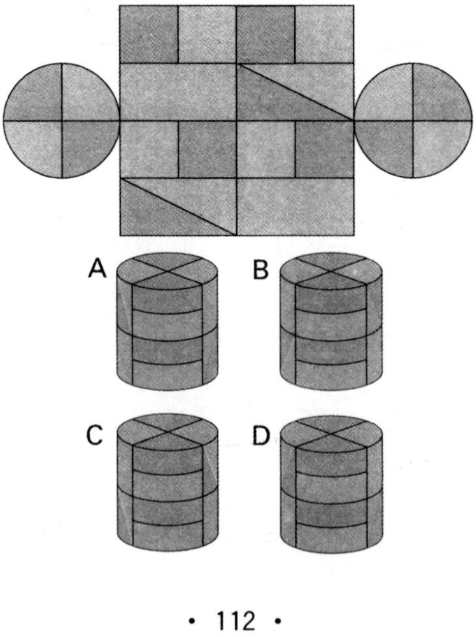

球体天平

小明临时代班体育用品商店的销售员，他记不清每一种球的价格，只知道橄榄球 20 元一个及以下的相关平衡关系。顾客打算买一个足球，你能帮他算出足球的价格吗？

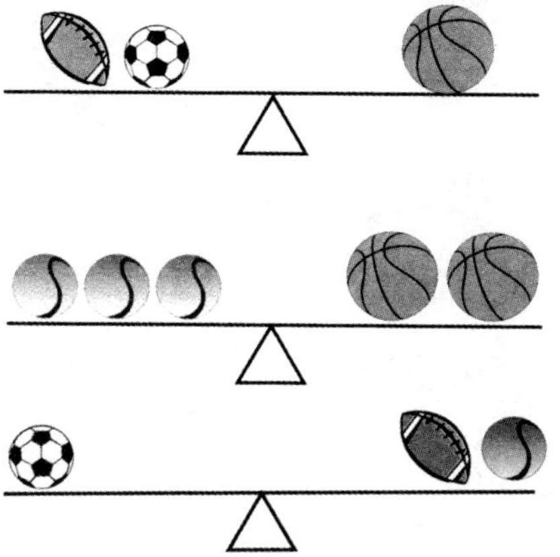

表　盘

观察这一系列图中的表盘。找到指针运动的规律之后，从图下的时间选项中选出与第四个时钟应出现的读数最为接近的一个。

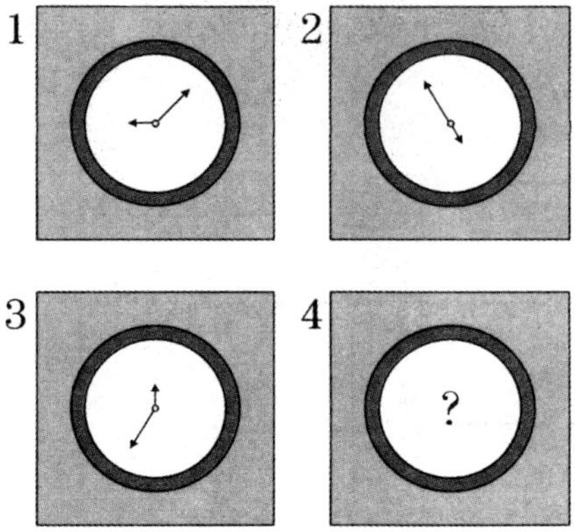

7:07　4:07　7:22　4:22　7:15　4:15

分钟位置

在最后一块表中，分针应该指向什么位置呢？

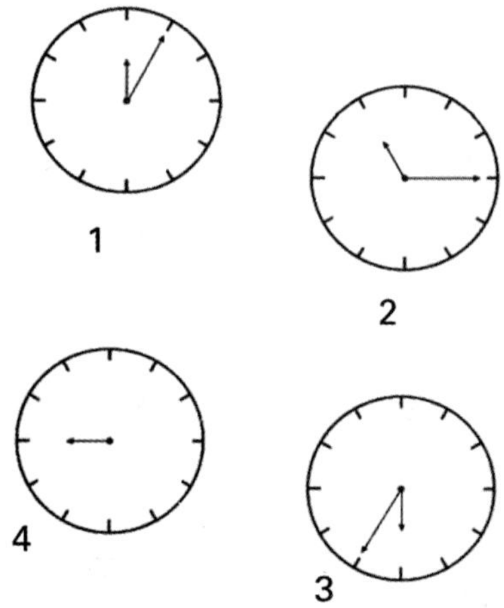

正方体

哪个立方体可以由 A 构成？

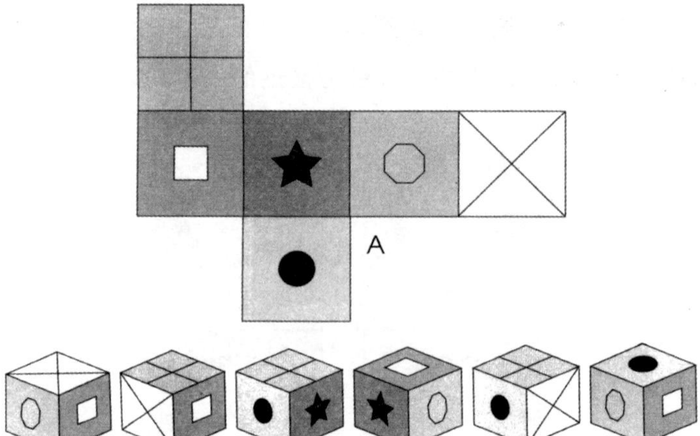

天平平衡

你能计算出需要多少个正方形才能让天平平衡吗？

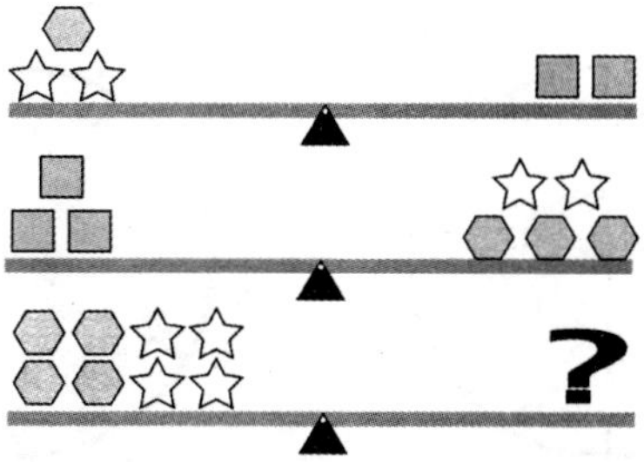

找缺失图形

下列哪个图形是图中缺少的部分？

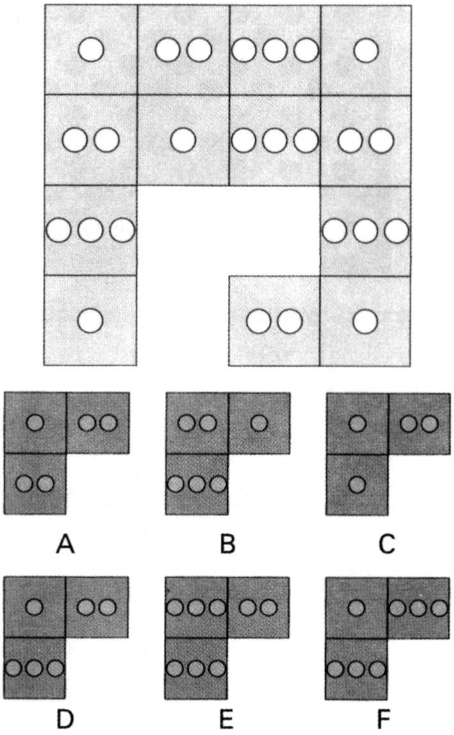

缺失的分钟

缺失的分针应指向哪里？

火柴天地

试一试，拿走三根火柴，把现在的图形变成三个正方形。

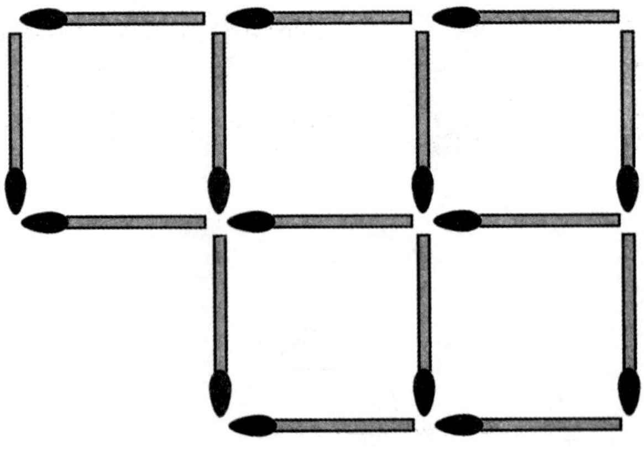

找不同

下列哪一项和其他项不一样？

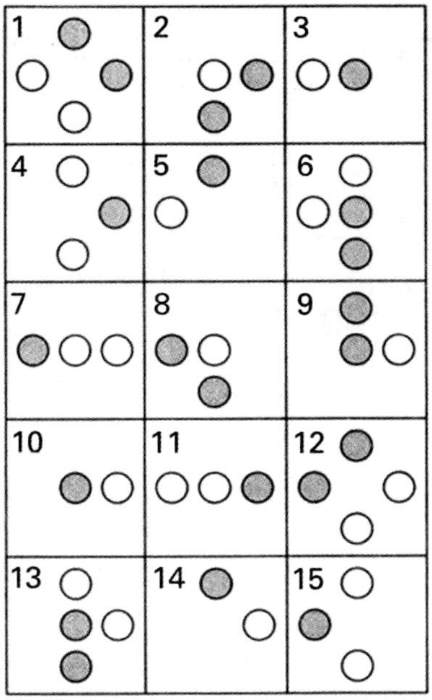

火柴鱼

只能移动3根火柴（以及眼睛），令下图中的鱼向相反方向游动。

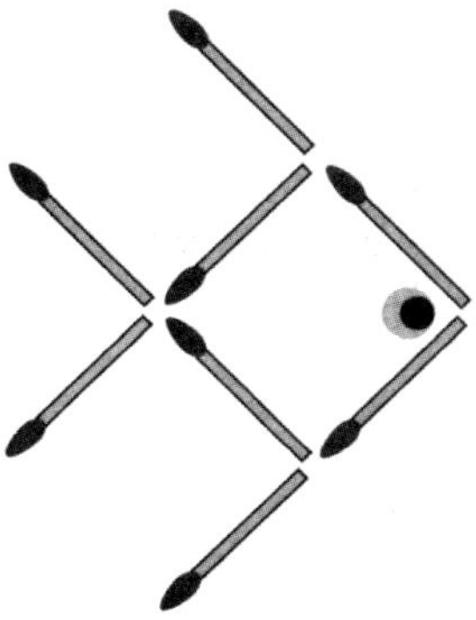

镜面反射

把 A 放到一个镜子前面，会反射出 B、C、D、E、F、G 中的哪一个图形？

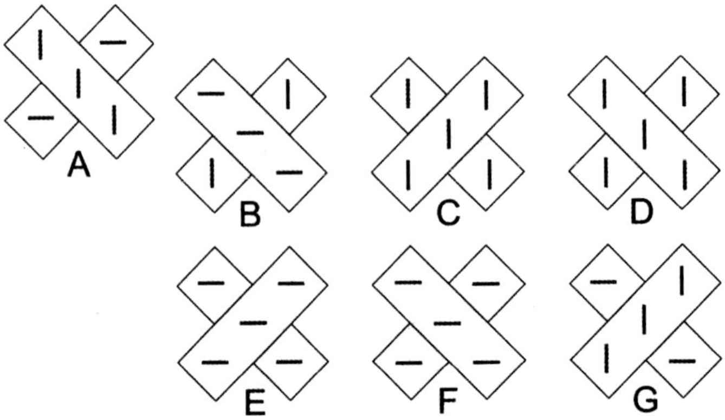

网格图形

找一找，哪一个网格图形是错误的？

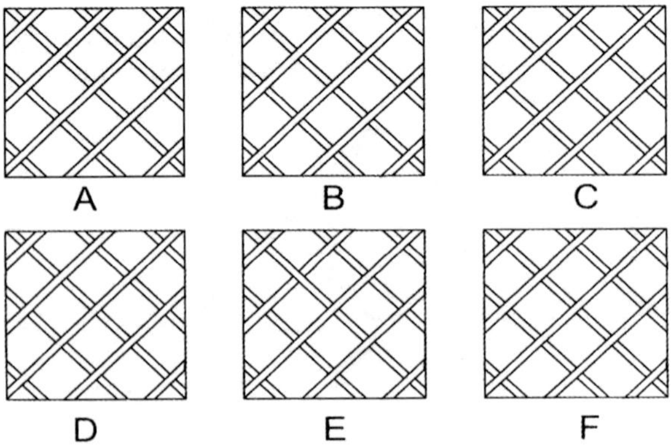

找房屋

假设将 A 向上或向后折叠使其形成一所房子的外形，那么 B、C、D、E 四个选项中哪种构造的房屋不是由 A 所组成的呢？

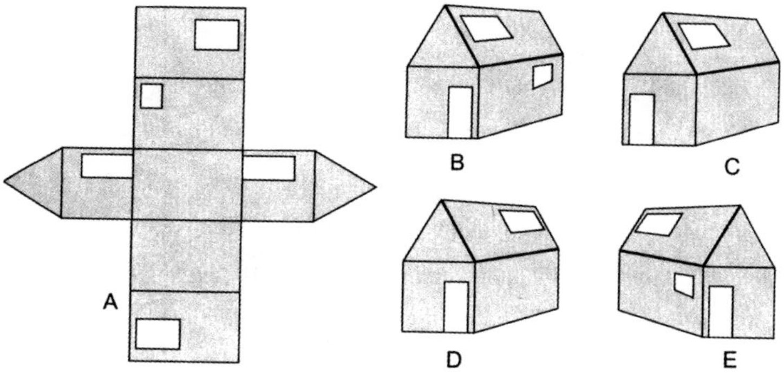

电路镜像

请问选项中的哪个电路不是上面电路的镜像？

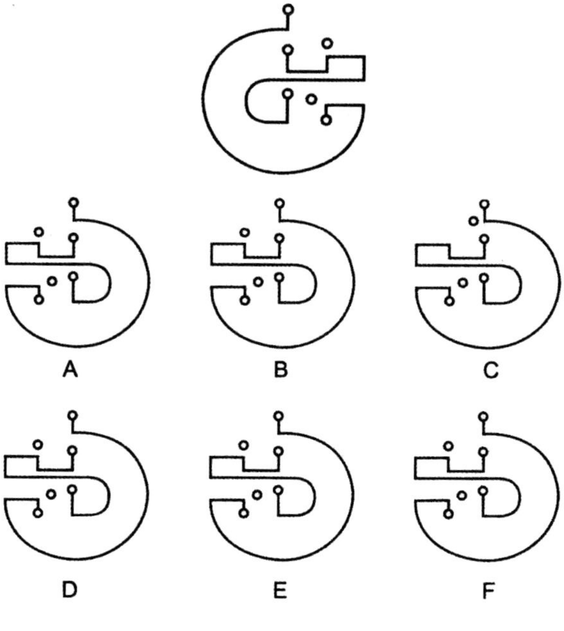

图形类

下面这些图形中哪个与其他类型不同？

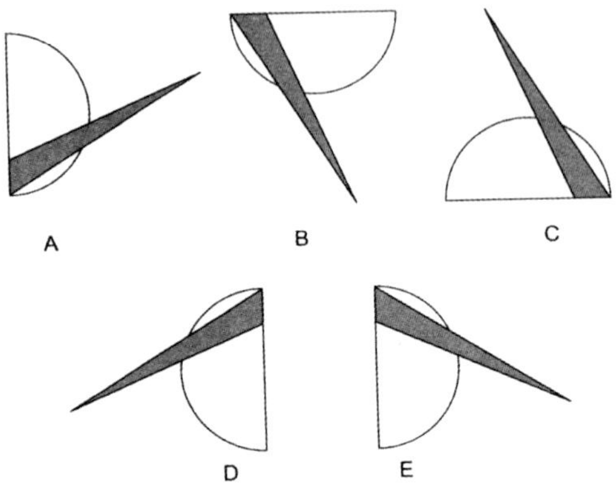

方框序列

六个编号的方框中哪一个可以完成这个序列？

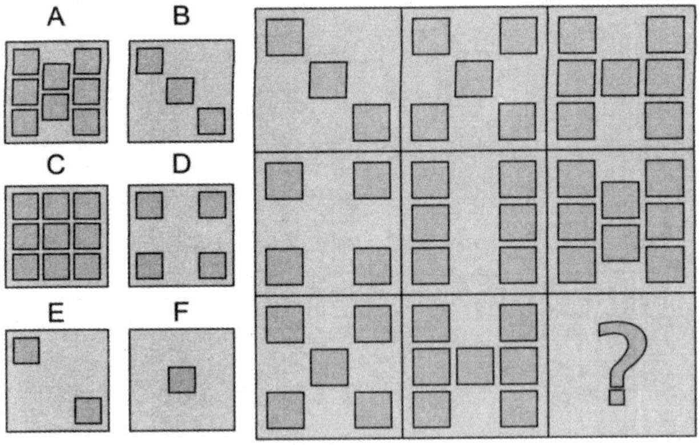

答案及解析

聪明的木匠

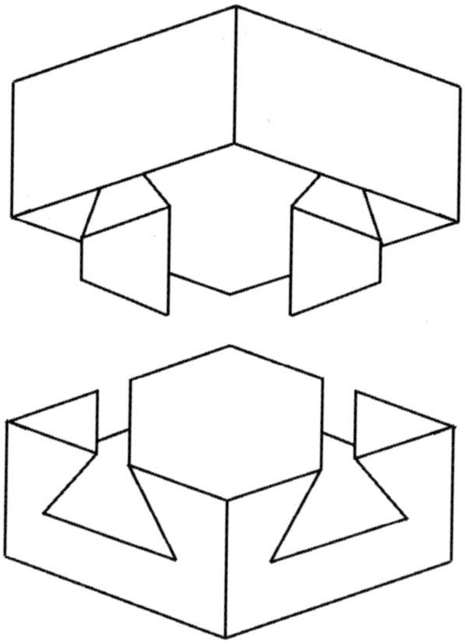

最好的线路

李先生走的路线是：A—G—M—D—F—B—R—W—H—P—Z。只有按这条线路走，才能从 A 村到 Z 村每个村子走一次而不重复。

快速建楼房

只需要将原图转动 90°再看即可，如下图。

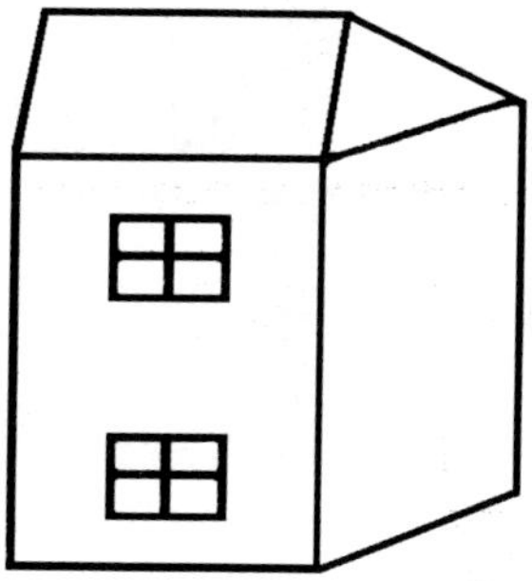

开环接金链

只要打开 3 个环。

随意打开其中一个环，只需要将 3 个环和其他的金链首尾相接就能相连成一个金链圈。

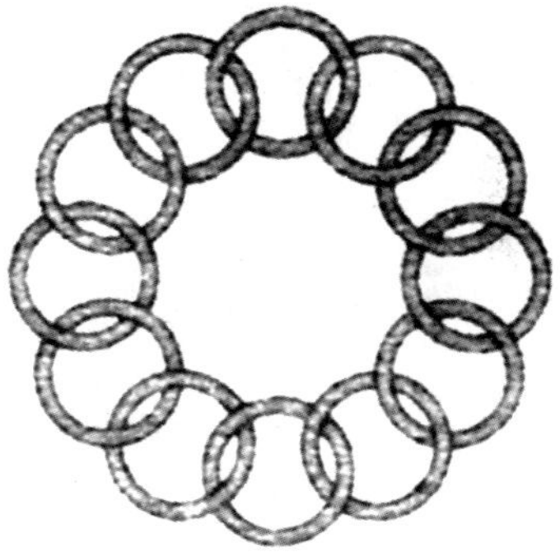

盒子里的物品

所需数值是 6，右边盒子在秤上显示的重量是 9 个单位，而左边则是 3 个单位。所以 6×9=54 与 18×3=54 可以使两边保持平衡。

汉字积木

如图：

推断点数

问号处是 6 点。

取代图形

答案是 B。正如第二幅图是第一幅图垂直翻转 180 度再顺时针旋转 90 度而得的一样，B 和第三幅图也具有这样的关系。

买一送一

仔细看，其实一辆车横在另一辆车的上面，你看到了吗？

不成立的等式

7+1−4=4

填方格

善于观察的人会发现表格是电脑键盘最左边的字母排列顺序，因此我们很容易就能填出答案了。

奇妙的莫比尔斯环

1 个大环和 1 个小环套在一起。

巧动铁丝

如图所示。

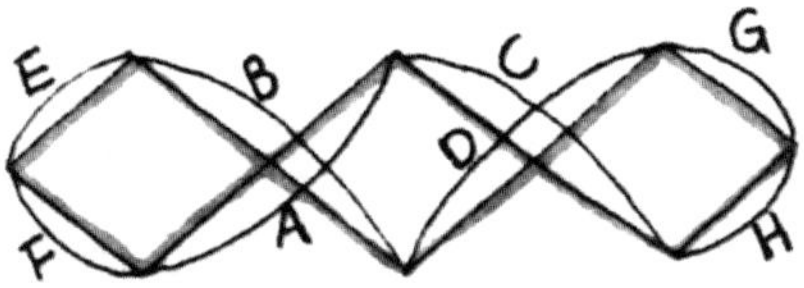

组合新数字

答案是 B。

补轮子

如图，三个轮子相对应的一瓣中都各有一黑二白分瓣，黑分瓣位置各不相同。

一笔画图

这个图可以经过 13 个转折一笔画成。

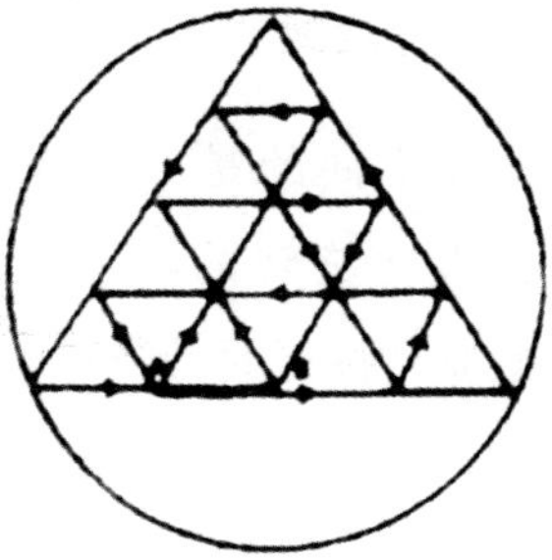

镜子里的时间

钟表实际上是 2：25。想不出答案的话。找面镜子来试试，立刻就知道答案了。

能否保持平衡

最上层秤盘放的是：2、4。

中间层放的是：6。

最底层放的是：1、3。

平　衡

5 个太阳符号。各符号的数值为：月亮＝2. 云＝3，太阳＝4。

疯狂的艺术家

答案为 A。这叠纸的厚度将达到 3355.4432 米，有一座山那么高。

“大于 3，小于 4?”

排成圆周率 3.1416 的数学符号“π”即可。

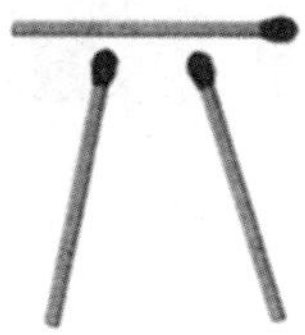

奇特的烤肉串

也许都痛苦。如果有这样的肉可以完全如图放在这样的架子上，你肯定可以卫生地吃吗？或者如果它保证足够好吃，也许这些都不用考虑了。

神奇的折叠

是的。因为折叠的线其实是三角形三边的垂线，它们交于一点，这一点称为垂心，它也是三角形外接圆的圆心。

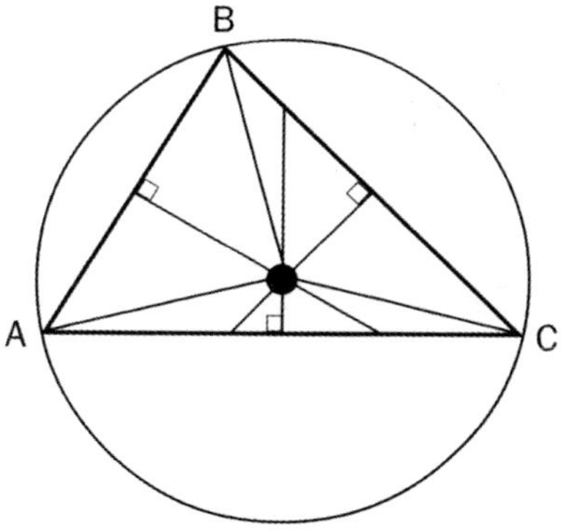

拼八角星

如图所示。

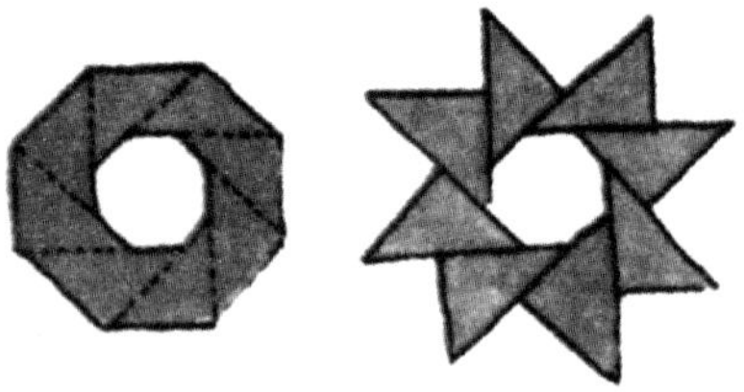

陌生的邻居

孤独的小星星

左上角的星星。因为其他同色的星星都可以分别组成正三角形。

路线图

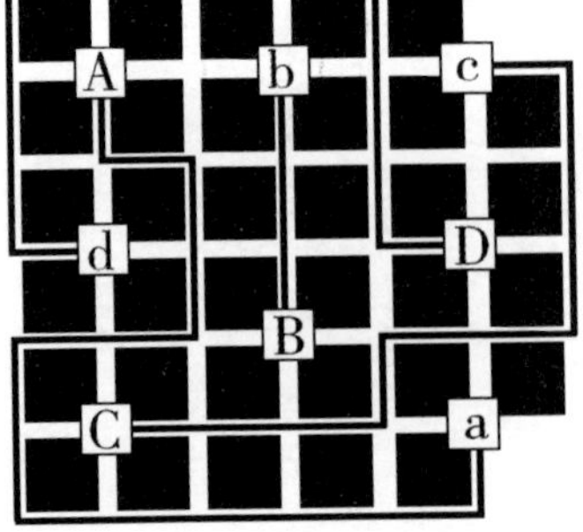

字母拼接

答案是（3）F。

不同的螺旋蚊香

与其他不同的是C。图案C是按顺时针方向旋转的，而其他几个蚊香图案都是按逆时针方向旋转的。

改装扇子

如图所示。

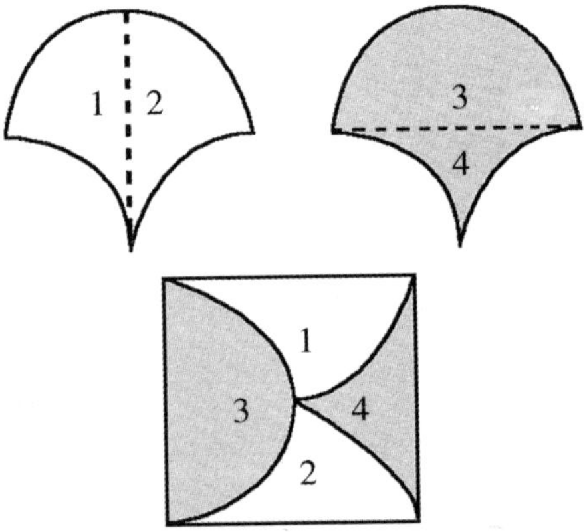

阿拉伯人的头巾

11个。

冬天还是夏天

左图是在夏天时画的；右图是在冬天画的。因为夏天11点钟的太阳位于屋顶上方，因而照射进屋里的光线面积小。

哪个可以替换

A 可以替换。

胡夫金字塔的测量

挑一个晴朗的好天气，从中午一直等到下午的这段时间里，当太阳的光线使人和金字塔投下阴影便可开始行动。在测量者的影子和身高相等的时候，量出金字塔阴影的长度，就是金字塔的高度。因为测量者的影子和身高相等时，太阳照射的光线正好是以 45 度角照向地面。

能打结的绳子

B。

找错误

答案是 C。将数字相加，直到得到一个个位数字。比如，A＝9（2＋9＋4＋3＝18，1＋8＝9）

丝巾下的海马

应选择 B。从颜色深浅上区别。

相撞的球

是的，不只你感觉到了，很多人也有这种感觉：左上方的小球似乎正在以很慢的速度但是却匀速地向右下方运动，同样的右上方的小球也在匀速向左下方移动，看样子不久它们就会在“X”处相撞，并伴随一些不大的响声。

但是两个球真的在动吗？

当然没有，它们是静止的，产生这种幻觉是因为你的视觉系统中包含一种特殊的东西能够帮助你把模糊的视觉印象变成清楚的。举个例子，如果给出一个模棱两可的刺激物，你的视觉系统就会自动找到一个合理的线索以便消除这种模棱两可。在这个例子当中，当给出一个模棱两可的视觉刺激物时，你的视觉系统就会利用声音来消除模糊，然而，声音只有在“冲击”点上才会发出来，声音出现得太早或太迟，都不会引起你的知觉能力的太大变化。

谁在左边

不一定。如图所示，如果他们面对面围成一圈，沙沙就会在明明的右边。

找时钟

C。Ⅷ应该换成Ⅶ。

筛　子

D。每个多米诺骨牌数字（包括空白）在每行、每列中出现一次。

数字计算

4	+	2	=	6
−		×		+
1	+	4	=	5
=		=		=
3	+	8	=	11

九宫格

30。按纵列进行计算，把上面的数字除以2，就是中间的数字，再把中间的数字乘以3，就是下面的数字。

三角填空

B。横向进行计算，把左边和右边的表格上下颠倒，再把表中的图形加在一起，就是中间的图形。

扑克牌填空

红桃A。在每一行中，红色扑克牌的数字之和等于黑色扑克牌数字之和，每一行扑克牌的花色均不相同。

冠军台

168。每个方框里的数字都是它正下方两个方框中数字的乘积。

火柴移动

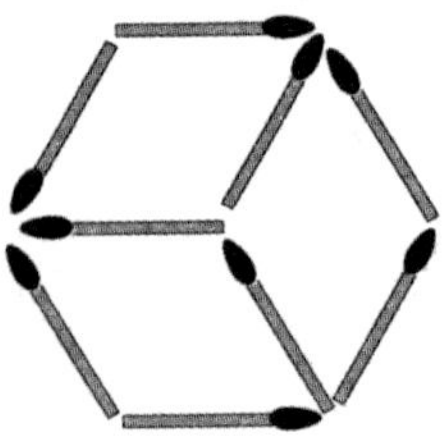

天平称

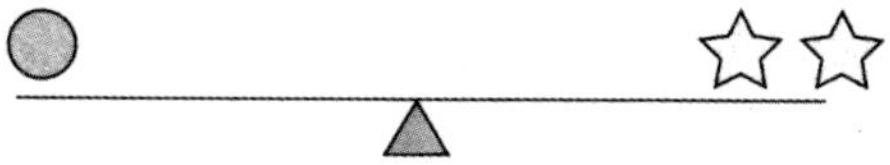

找星星

5。

在每个星星中，把星星角上的偶数相加，再把奇数相加，偶数和与奇数和相减就是中间的数字。

正方形拼图

C。

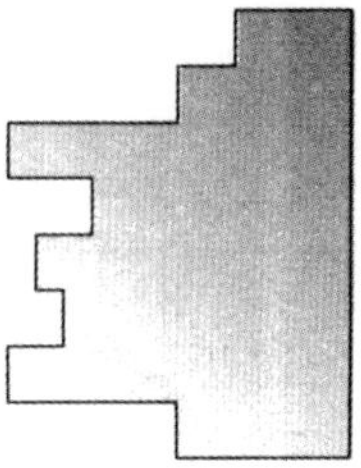

圆柱体

D。

球体天平

100 元。

表　盘

7：22。

对于每一个题目中所显示的时刻来说，分针前进了 1/4 次完整的逆时针旋转，而时针则前进了 3/8 次完整的逆时针旋转。最后指针的排列即如图所示。

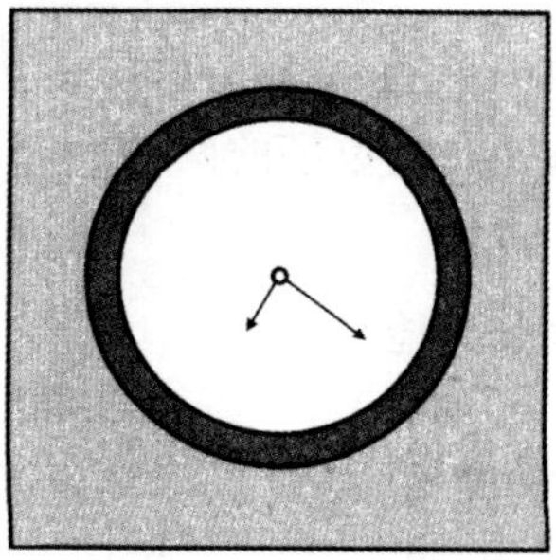

分钟位置

指针指向 5 点。

从第一块钟表开始，时针依次后移 1 个小时、2 个小时、3 个小时……分针每次都向前移动 10 分钟。

正方体

C。

天平平衡

需要 5 个正方形。

六边形代表的数字是 2；

五角星代表的数字是 3；

正方形代表的数字是 4。

找缺失图形

D。

从左上角开始，从左至右，沿着第一行走到头，再从第二行返回，重复一点、两点、三点的顺序。

缺失的分钟

在每个表盘中，时针所指的数字是分针所指数字的两倍。

火柴天地

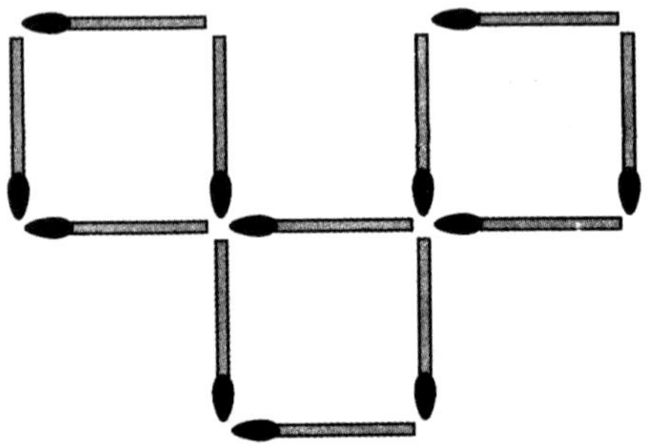

找不同

9。

其余项都可以在方块中找到投影。

火柴鱼

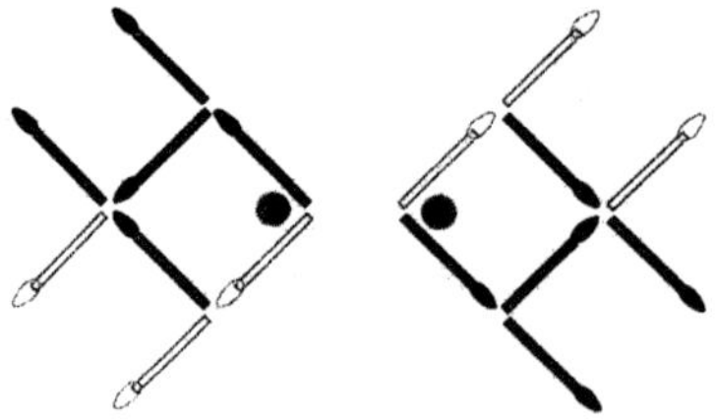

镜面反射

G。

被镜子反射后，线条的方向是相反的。

网格图形

E。

从左上角到右下角的条板应该位于其他条板的下面。

找房屋

D。

电路镜像

C。

图形类

与众不同的是 E。其他选项中的图形是由同一个图形旋转而成的。

方框序列

C。

第四部分

视觉记忆类观察游戏

很多时候，观察力是和记忆能力混合在一起的，世界上的很多问题，都需要很强的观察记忆能力才能做出正确的决定。只有依靠非凡的记忆力，从貌似不可能的现象中找出隐藏的内在规律，抓住事物的关键点，才能取得最终的胜利，才能有不平凡的成就。

找多余

下列 4 组方块从表面上看起来非常接近，只有一组比其他组多了一块方块，你能找出来吗？

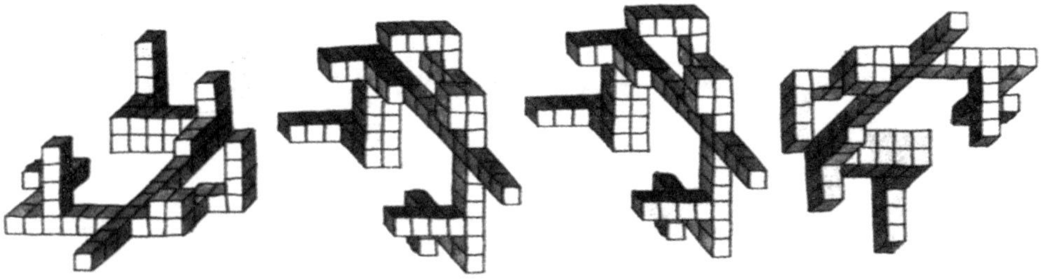

A　　B　　C　　D

相似图形

下列选项中哪个方框和所给的图示最相近？

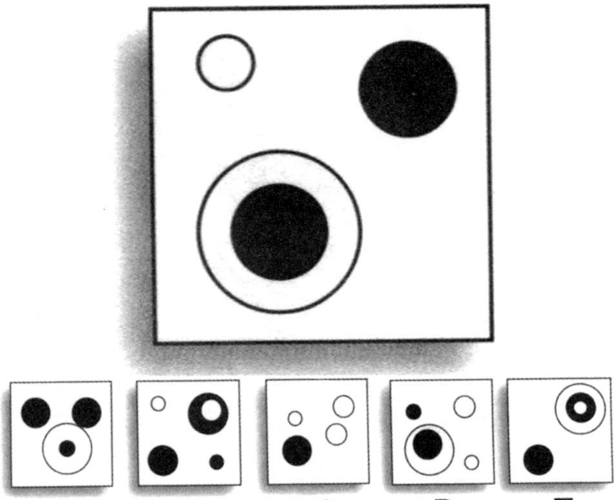

A　　B　　C　　D　　E

奥毕森幻觉

这是正方形吗？

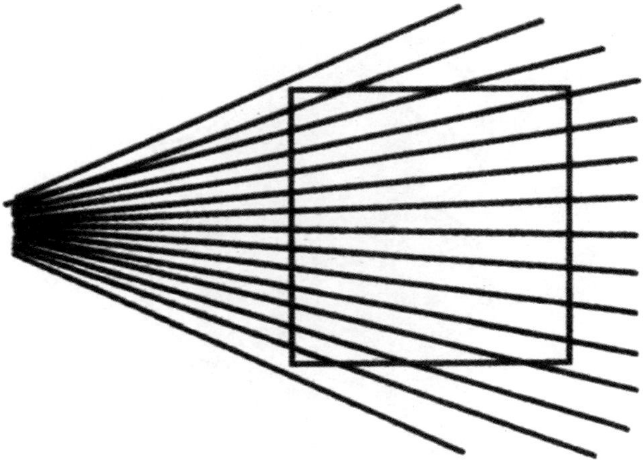

向日葵

向日葵在找太阳吗？

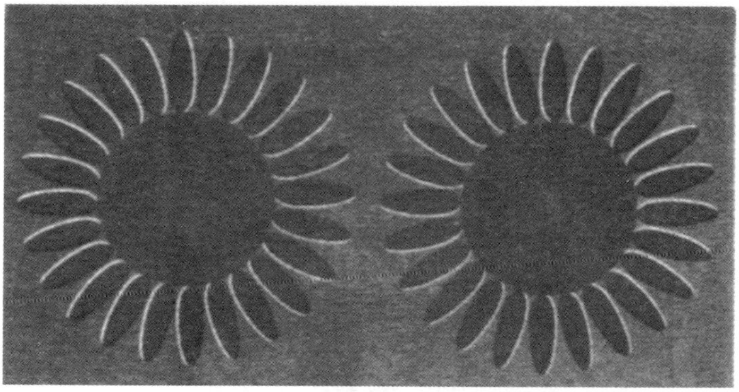

数字线路

从顶部的数字 2 出发，得出一个算式，使算式最后的得数仍然是 2，不可以连续经过同一排的两个数字或运算符号，也不可以两次经过同一条路线。

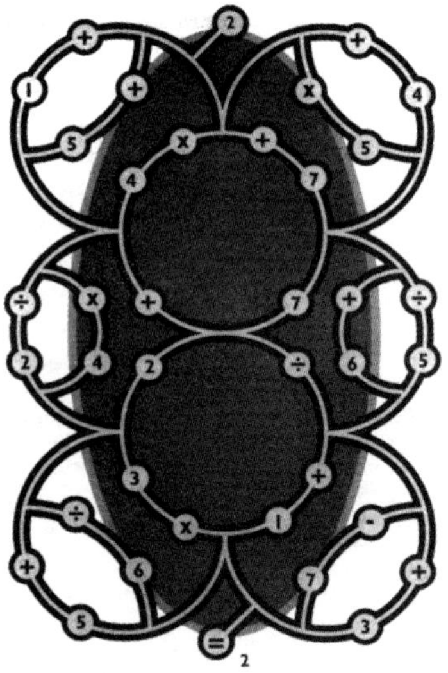

不可能的台阶

如果登上巴黎圣母院的台阶是这样的，你觉得会发生什么呢？你能找到最低一级和最高一级的台阶分别在哪儿吗？

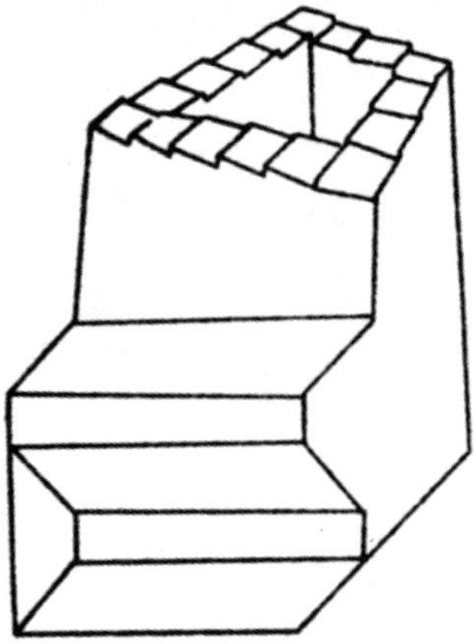

小区的窗格

晚上，忙碌了一天的小区居民都回到家中，打开了电灯。从楼下看各家明暗相间的窗子形成了如下所示的效果图。小区一共有 9 个区，你能判断出左面的明暗相间的图是右面哪个区的吗？

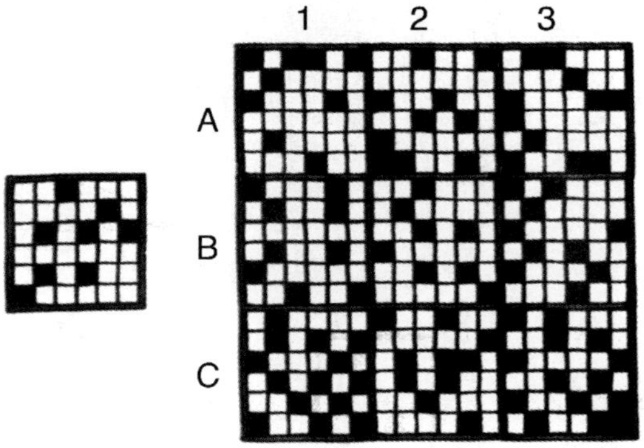

找序列图

想一想，哪个图形可以完成这组序列图？

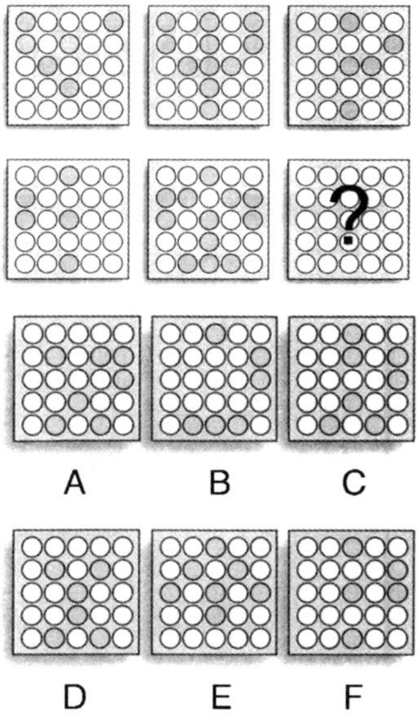

找时间

所给的五块手表中，哪个适合放在图中空白处？

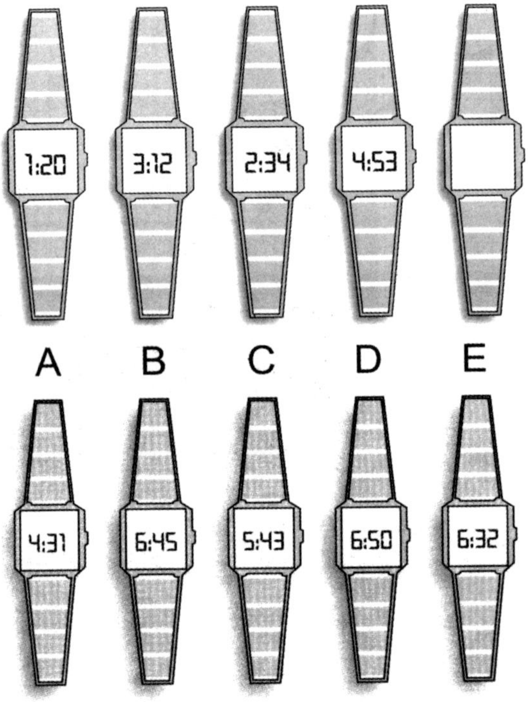

拼　图

四幅图中只有两幅能够恰好拼成一个整圆，是哪两幅呢？

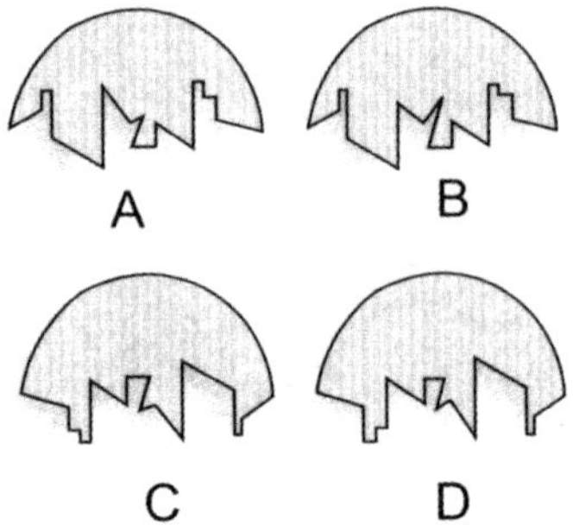

第五部分

分析洞察类观察游戏

福尔摩斯的分析洞察力很值得敬佩，你想像他一样拥有敏锐的观察力、严谨的分析判断力、丰富的想象力和缜密的思考力吗？分析洞察的思维游戏将带你体验一个神秘的思维世界。在这里，必须时刻仔细观察、大胆想象、缜密分析，你将会体会到前所未有的侦探感觉。

机器零件

工厂里的王师傅在一块中间有方孔的圆形板材上，对称地做了些记号。王师傅要求徒弟小张将圆形板材做成大小、形状均相同的四个机器零件，并且每块都恰好带有一个小圆圈和一个三角形。

请你帮小张想一想，怎样做才能达到王师傅的要求？

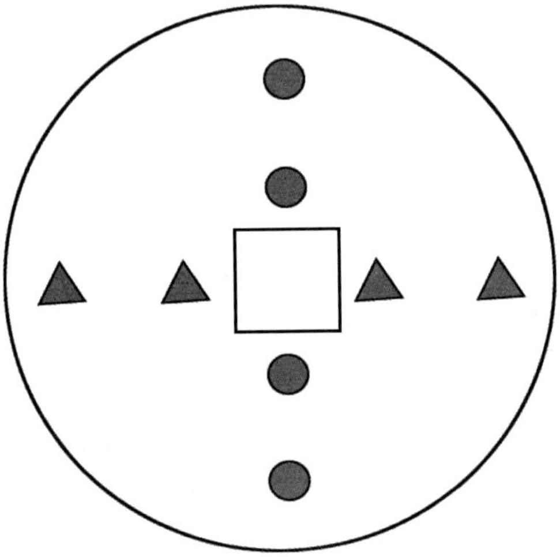

芝诺悖论

芝诺悖论是古希腊数学家芝诺提出的一系列关于运动的不可分性的哲学悖论，其中最有名的要数“阿基里斯和乌龟赛跑”。在这个比赛中，阿基里斯让乌龟先跑一段距离。芝诺是这样说的：

当阿基里斯跑到乌龟的起点（A 点）时，乌龟已经跑到了 B 点。现在阿基里斯必须要跑到 B 点来追赶乌龟。但是同时乌龟又跑到了 C 点，依比类推。

芝诺的结论是阿基里斯需要用无限的时间来追赶乌龟。阿基里斯与乌龟的距离越来越近，但是他永远都不可能赶上乌龟；他跑过的路程可以被划分成无数段。当你要移动一段距离，你必须首先移动到这段距离的 1/2 处；而当你要移动到它的 1/2 处，你必须首先移动到它的 1/4 处，以此无限地分下去。

我们当然知道人是能够超越乌龟的，那么芝诺的悖论中哪一点错了呢？

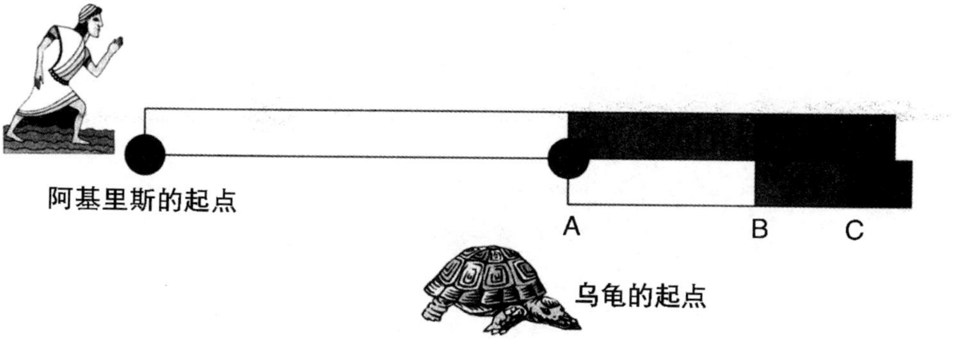

划分区域

请尝试将下面方格划分为 6 个完全相同的部分。要求划分后的每个部分中，所有数字之和必须等于 17。

7	1	4	4	4	3
3	5	5	3	5	2
5	5	1	3	5	0
1	4	3	2	0	5
3	0	4	5	6	4

消失的数字

哪个数字不见了？

7	5	6	7	4	7	7	4	7	7	5	7	6	7
4	5	7	3	7	4	6	7	5	6	7	4	7	5
7	6	7	5	7	7	4	7	2	6	4	7	6	7
6	3	6	4	5	2	5	6	5	6	5	6	4	5
7	5	7	4	7	6	6	7	1	5	6	6	5	7
6	2	6	4	6	7	4	6	?	4	6	6	3	6
4	7	6	6	3	7	6	7	3	7	3	5	3	7
6	7	5	7	7	5	6	5	7	7	7	6	7	5
5	7	2	5	4	7	7	7	3	5	7	3	6	7
6	7	5	7	6	5	6	4	6	7	6	7	6	7

和值最大的直线

请在下图中画一条直线，使得直线所经过的格子和值最大。

8	1	6
3	5	7
4	9	2

复杂的表格

仔细分析表格规律，在问号中填入正确数字。

2	9	6	24
6	7	5	47
5	6	3	33
3	7	5	?

躲避鳄鱼

这次，你要到丛林里执行任务。当你路过一条河时，你必须小心翼翼地跨过这些石头才能到达河对面，如踩错了石头你就会跌进河里，要知道河里到处都是鳄鱼。

从 A 开始，每排里只能踩一个石头，你会选择踩哪些石头呢？

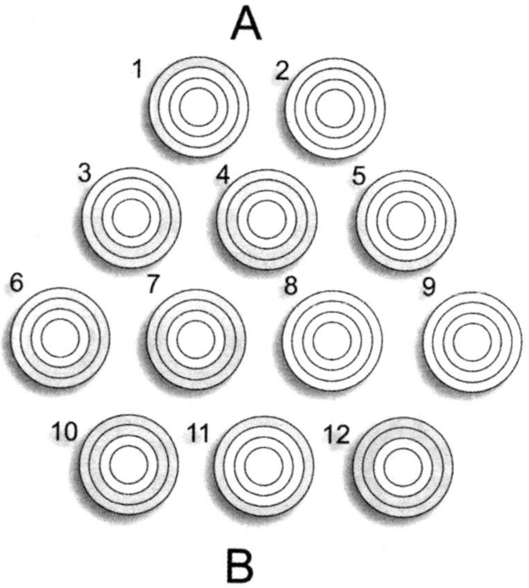

空格内的数字

数学课上，陈老师拿来一块数字板，让大家猜一猜数字板上的空格内应该填入什么数字？大家七嘴八舌地说了好多答案，可没有一个是正确的。聪明的颜玲灵机一动，一下子就说对了答案。你知道颜玲的答案是什么吗？她是从什么开始联想，才迅速找到答案的呢？

图配图

把四张画有条纹图案的扇形色纸卷起来，做成圆锥体。

配配看，图①～图④的圆锥体各是由A到E的哪个扇形所做出来的？粘贴的面积不用计算进去。

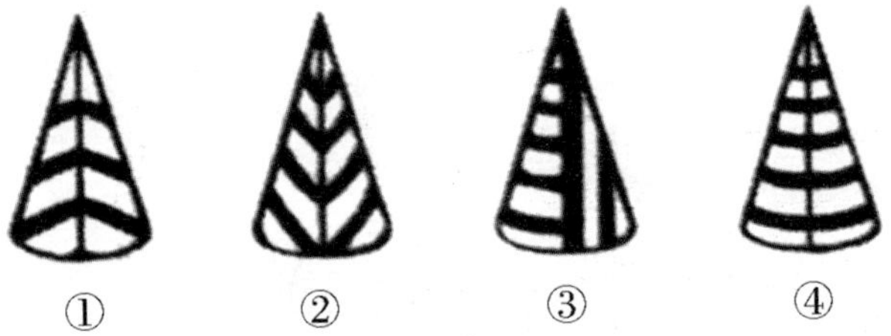

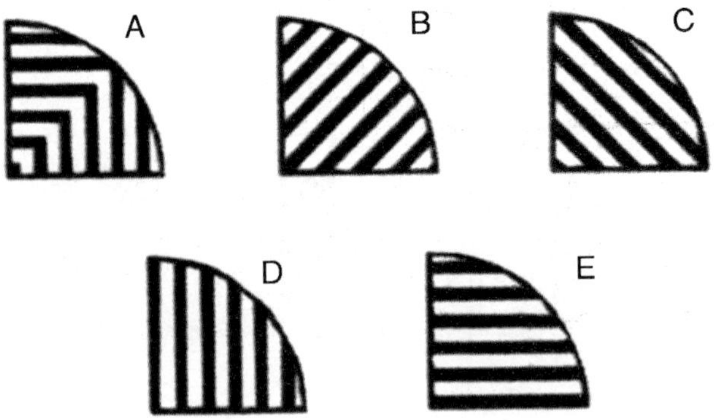

填圆圈

下面的前四个圆中使用了相同的规则，你能完成第五个圆吗？

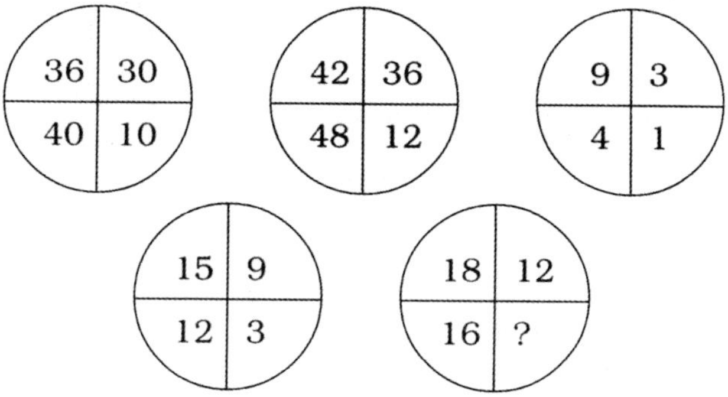

秀拼图

这幅拼图由 169 个小正方形组成。请你想办法，将它一分为三，以便重新拼合成一个完整的正方形。需要注意的是，应当沿小正方形的直线来剪开。此外，由于材料两面的性质不同，因此不能把某块翻到反面去，图案的倒顺、间隔，都应照原样准确配合。

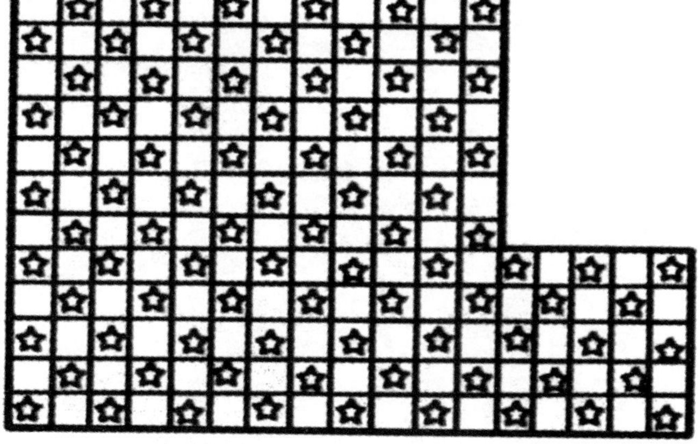

老财主的难题

一位老财主生有 4 个儿子。他临死前，什么都没有留下，除了一块正方形的土地，土地上面有 4 棵每年都会结果的苹果树，树与树之间的距离是相等的，从土地的中心到一边排成一排。老财主把这个难题交给 4 个儿子，要求最聪明的儿子来把土地和果树平均分配，可是没有一个儿子能解答。你知道该怎么分吗？

字母逻辑

依照下图的逻辑，说说 Z 应该是黑色还是白色？

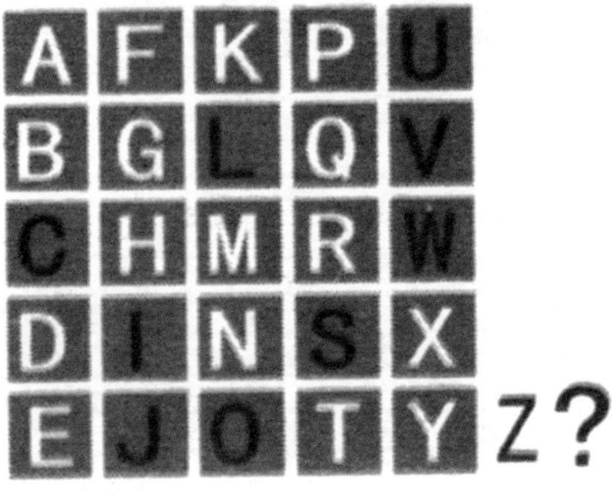

行进的序列

如何让这个序列进行下去？

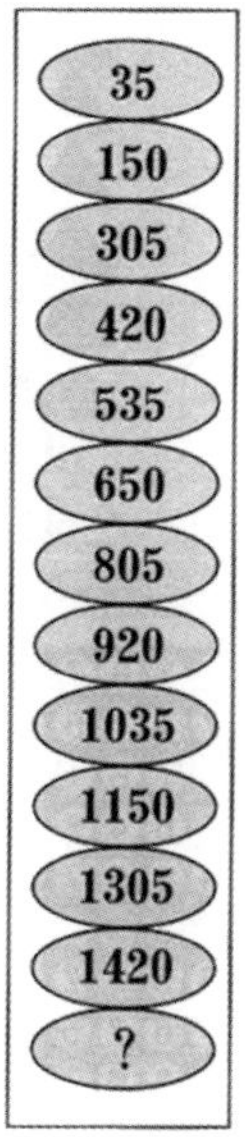

分割钟面

右图这个时钟的钟面被一条直线隔开了。你发现没有，直线两边的数字各自相加之和相等。现在请你在钟面上重新画一条直线，让直线两边的数字各自相加之和的比为 1 :2，你做得到吗？

“罩不了”

杰克把一盏罩了一个伞状罩子的照明灯，如图一样固定在墙壁上。请问，墙壁的哪些部分无法被光照到？

最短的路程

假设蚂蚁要从下图正方体的 A 点爬到 G 点，请你帮它设计一下，怎样爬路程才最短呢？

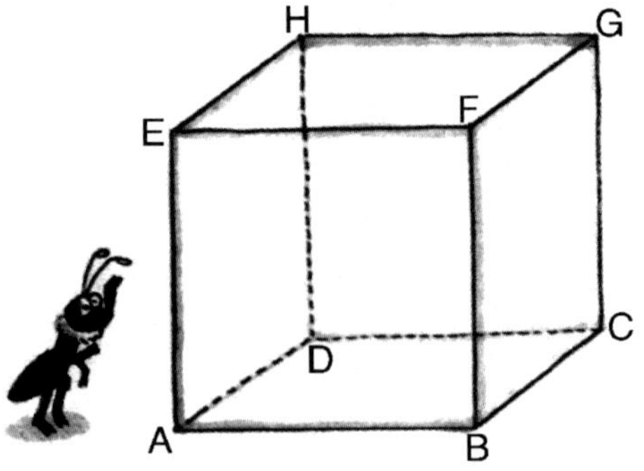

切表盘

下图是一块表盘，现想将表盘切成 6 块，并能保证切好后每块表盘上面的数字加起来都相等，应该怎样切呢？

九宫格

要完成这道题，你认为问号一格应该换成什么数字？

填色游戏

将这些圆形分别填上红、黄、蓝和绿色，使得：

1. 每种颜色的网形至少 3 个。
2. 每个绿色圆形都正好和 3 个红色圆形相接。
3. 每个蓝色圆形都正好和 2 个黄色网形相接。
4. 每个黄色圆形都至少各有一处分别和红色、绿色和蓝色圆形相接。

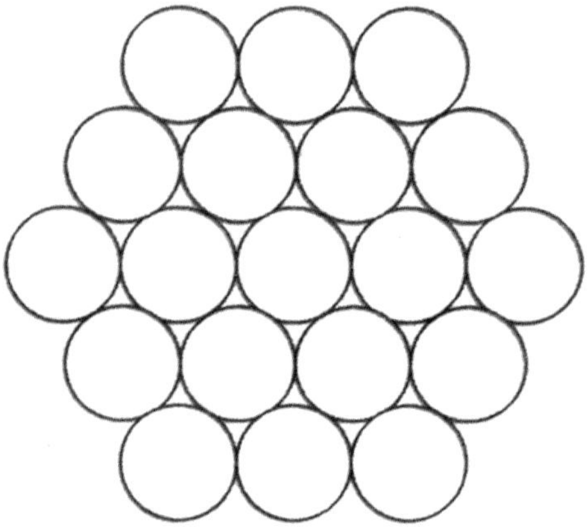

吃点心

如右图：每间房里都有一块点心。老鼠一次吃完所有的点心后，从 A 门出来。请问老鼠从 1～8 中的哪扇门进去，才不走重复路线（每间房只允许进出各一次，并且不许从同一扇门进出）？帮老鼠想一想该怎么走。

提示：从唯一的出口 A 门倒着向前寻找路线，这样成功率就大一点。

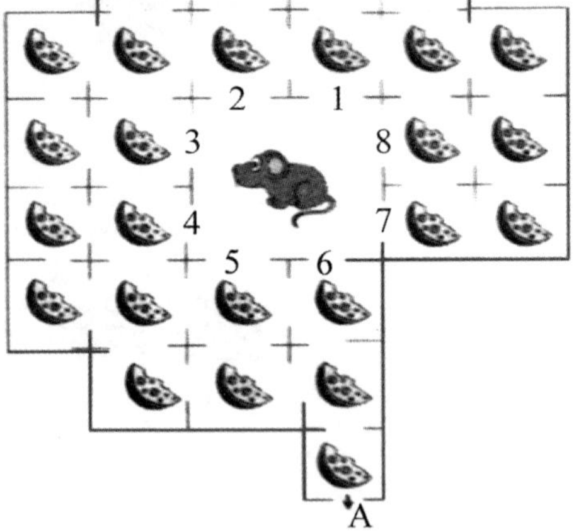

数字游戏

把所有列示的数字都放到正方形的四条边上，以替换图中的问号，使每一条边上的数字之和都相等。

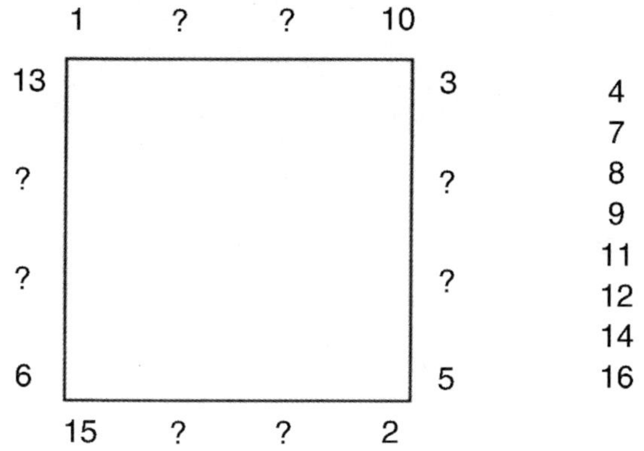

比个头

甲、乙、丙 3 个人比个头，他们都认为自己是 3 个人中个子最高的人。请你帮他们评判一下吧！

找出相同的图形

请从右边 4 个图形中挑选出与左边相同的图形。

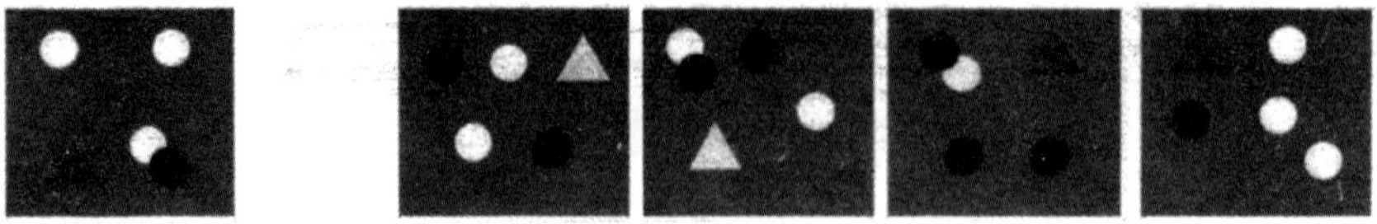

菱形里的数字

请你画两条直线分开菱形里的数字，保证被分开的各个区域里的数字的和相等。

该涂黑哪个

下图是由 10 个方框组成的一个大三角形。现在请你把其中的 4 个方框涂黑，使得没有任何 3 个方框能构成等边三角形。你知道该涂哪 4 个吗？

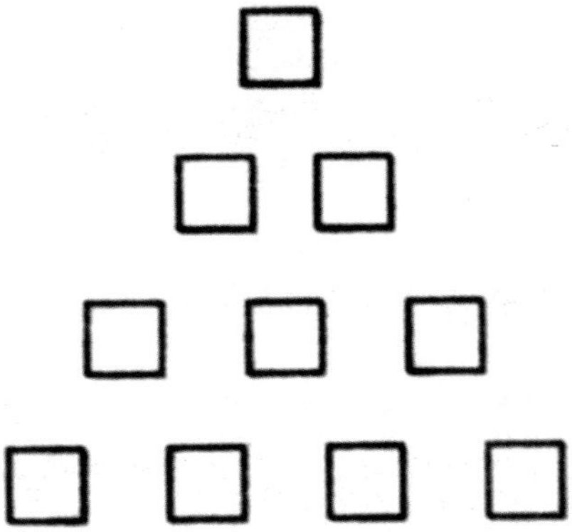

钟表的延续

图中是一些钟表，请你认真比较分析，下面选项中哪一个是钟表的延续？

A　B　C　D　E　F

链型填空

算一算，这个链形图中缺少什么数字？

折叠 4 张邮票

如图所示，4 张邮票组成了一个正方形。你能说出一共有多少种折叠方法吗？

只能沿着邮票的边缘锯齿 1 处折叠，最后必须折成 4 张上下放置。邮票朝上朝下都没有关系。

4 种颜色有 24 种排列方法。

可以折出其中的几种？

折叠 6 张邮票

如图所示，6 张邮票组成了一个 2×3 的长方形。沿着邮票的边缘（锯齿）处折叠可以折出很多种上下组合。

这里给出了 4 种组合，请问其中哪一种是不可能折成的？

最后折出来邮票朝上朝下都没有关系。

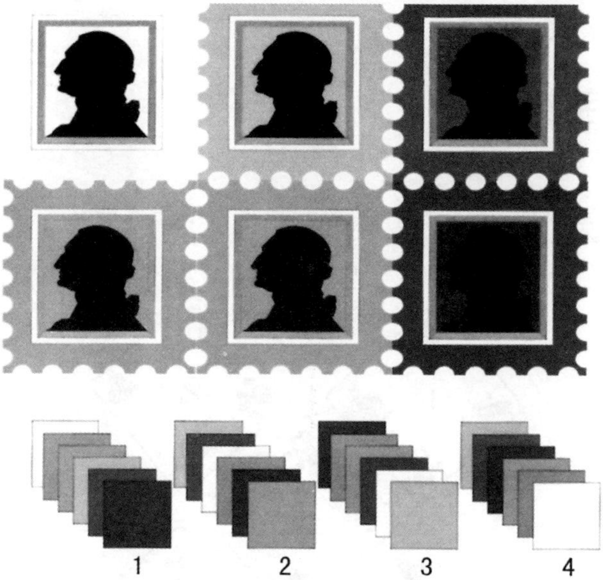

折叠报纸

将一张报纸对折，你认为最多可以连续对折多少次？

5 次？8 次？还是更多？

亲自动手试试！

不同的花手绢

舞蹈老师为了准备手绢舞，买来一些花手绢。你能从中找出与其他几块不同的一块吗？

找规律

填出空格内的数字。

6	0	8	3				4	5	5	5				0	3	1	6			
2	9	7	7	2	2	4	3	2	5	2	4	1	8	2	5	8	9			
1	0	5	3				2	7	2	0				3	9	6	6			

填字游戏

仔细观察左图中记号的特点，想一想，“?”处应该填入什么字呢？

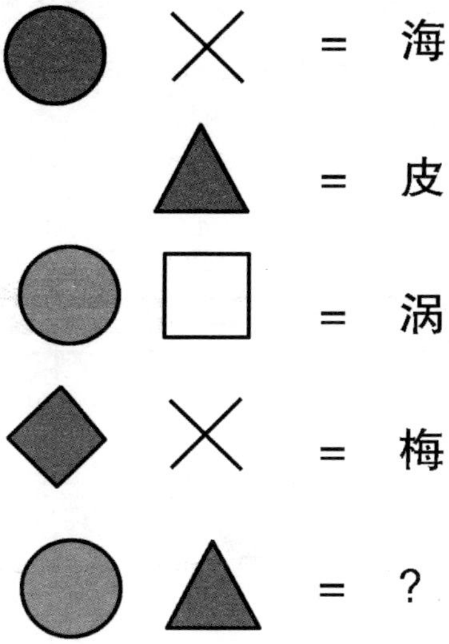

祖母的遗物

迪丽雅从小就是在祖母身边长大的，前不久，祖母的去世对她的打击很大。祖母临终前，给迪丽雅留下了一面非常古老的时钟。迪丽雅把它当作贴身宝物一样看待。一天，迪丽雅发现这面老钟每小时慢 4 分钟，她 3 点以前才和一只走得很准的时钟对过时间，现在这只时钟正好指在 12 点。请问：这面古老的时钟还需走多少分钟才能指在 12 点？为什么？

走围城

请将以下条件分析清楚，找到正确的出路。起点和终点都是用一来表示的。

(1) 在各行（横着排列的）必须通过的房间的总数量，根据该行左边正对着的数字来确定，在各列（竖着排列的）必须通过的房间的总数量，根据该列上边正对着的数字来确定，要求刚好能满足这些数字来走完路途。

（2）曾经走过的房间不能再重复通过，而且，不能在同一个房间里折返（走 U 字形）。

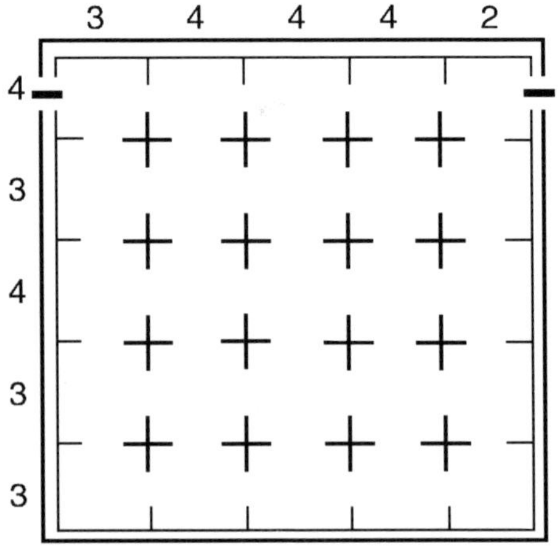

花数相连

图中方框里的每一种花代表一定的数值，上方和右方标示出竖列和横行各数相加之和。请在问号处填上正确的数字。

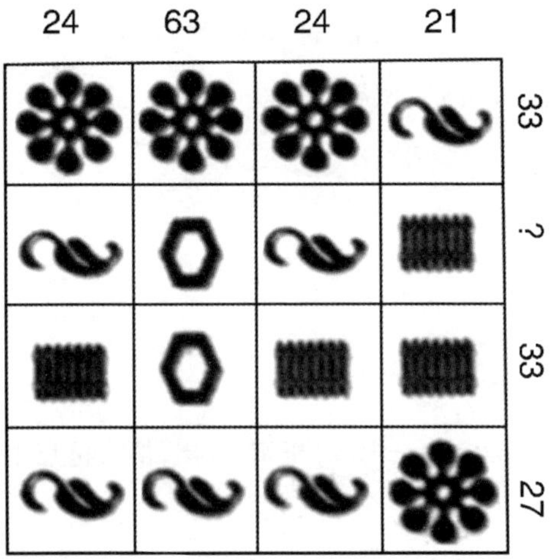

替换问号

请仔细分析下图的规律，想一想，问号处可以用选项中的哪一项替代？

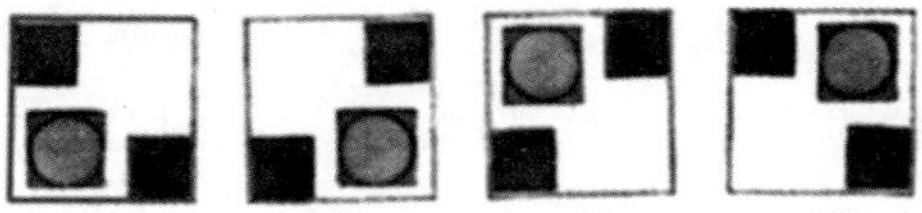

A　　B　　C　　D

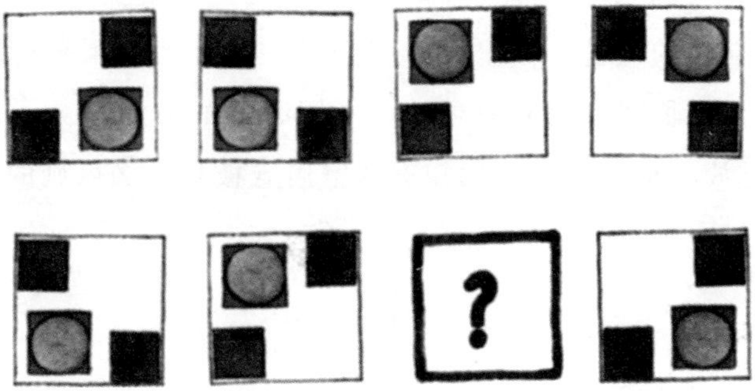

扑克牌谜题

仔细看一看，在空白处放置哪张扑克牌可以解开这道谜题？

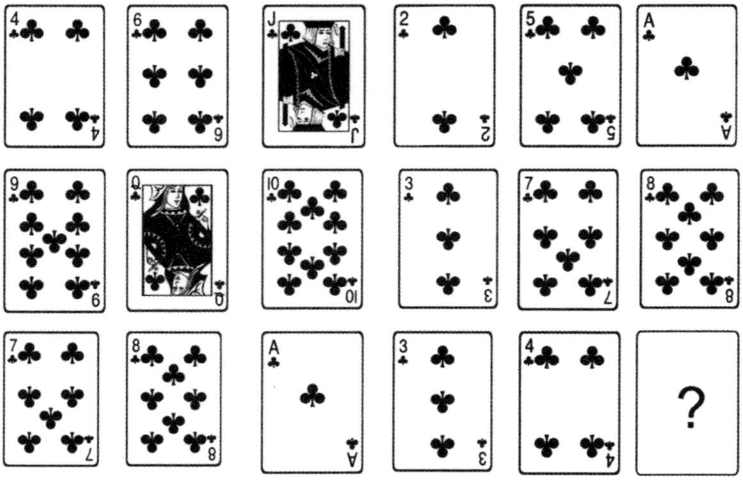

愚蠢的贵妇

为了参加伊丽莎白女王举行的宴会，伯爵夫人穿戴上了最华丽的服饰。可是，她的珍珠项链却断了，心急如焚的她马上把项链拿到珠宝店去修理。但是珠宝店老板是个贪财的人，为了防止他偷走珍珠，伯爵夫人把项链上的珍珠仔细数了一遍：从上面数到下面共有 13 颗，而且从上往下数，中途向左或向右数都是 13 颗。数完后，伯爵夫人放心地把项链交给了珠宝店的老板。老板一看这么名贵的项链，心里顿时打起了主意。他把项链拆开，拿走了两颗珍珠。第二天，伯爵夫人来取项链，她用昨天的方法又数了一遍，发现还是 13 颗，于是放心地回家了。你知道珠宝店老板是怎么做到的吗？

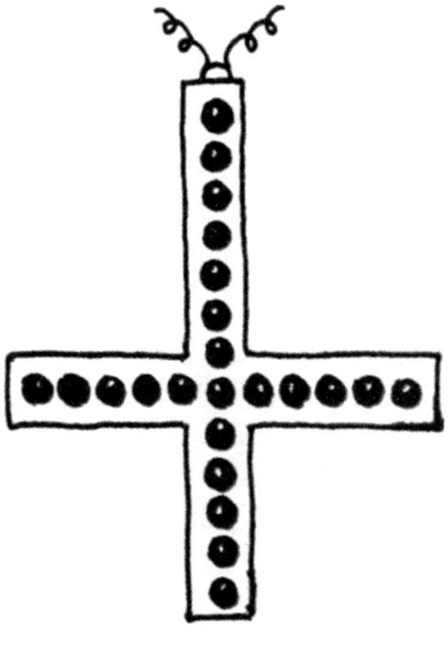

建造桥梁

下图为风靡日本的游戏之一——建造桥梁。在这个游戏中，每个含有数字的圆圈代表一个小岛。你需要用纵向或横向的桥梁连接每个小岛，形成一条连接所有小岛的通道。桥的数量必须和岛内的数字相等。在两座小岛之间，可能会有两座桥梁连接，但这些桥梁不能横穿小岛或者与其他的桥相交。

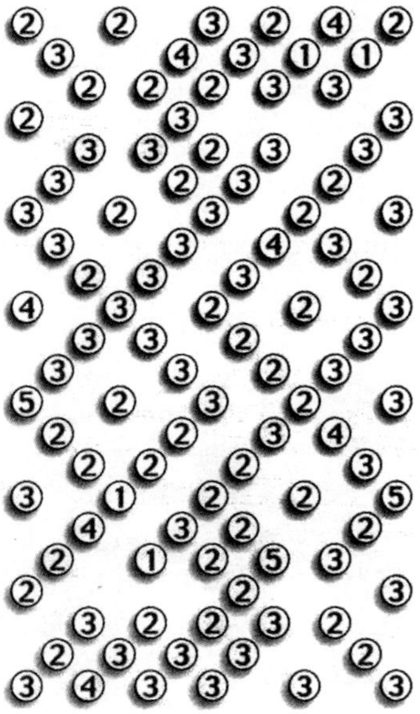

棋盘上的棋子

下图是一个棋盘，棋盘上放有 6 颗棋子，请你再在棋盘上放 8 颗棋子，使得：

（1）每条横线上和直线上都有 3 颗棋子。

（2）9 个小方格的边上都有 3 颗棋子。

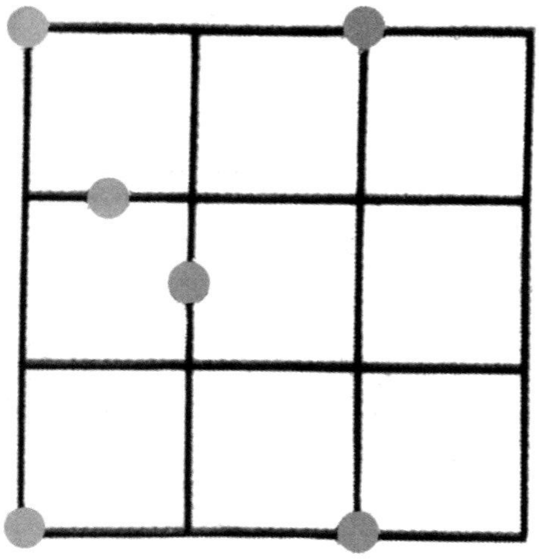

补充图形

下面的图形并不完整，请开动脑筋，从A、B、C、D中选出正确的一项填入下图的空缺处。

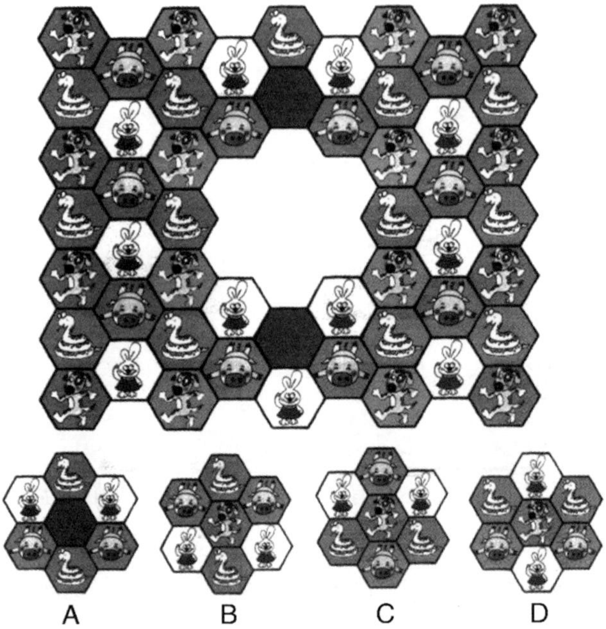

改变房子方位

移动一根火柴，使图中房子的方位与原来的方位正好相反。

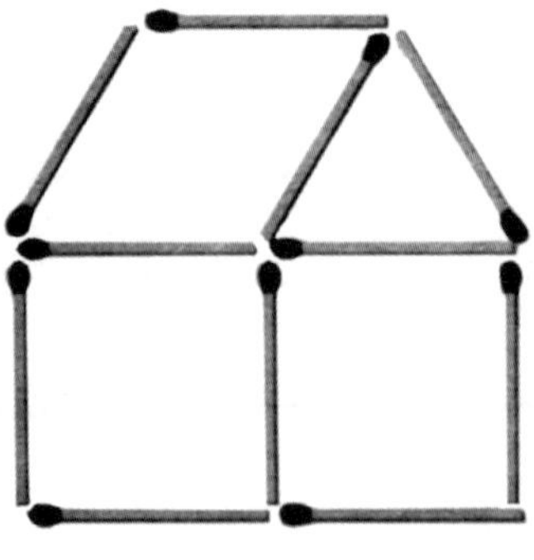

答案及解析

机器零件

圆形板材的孔是正方形的，如果将圆形板材做成大小、形状均相同的4个机器零件，那么每个零件应占正方形的一个边。可按图中虚线所示的方法进行切割。

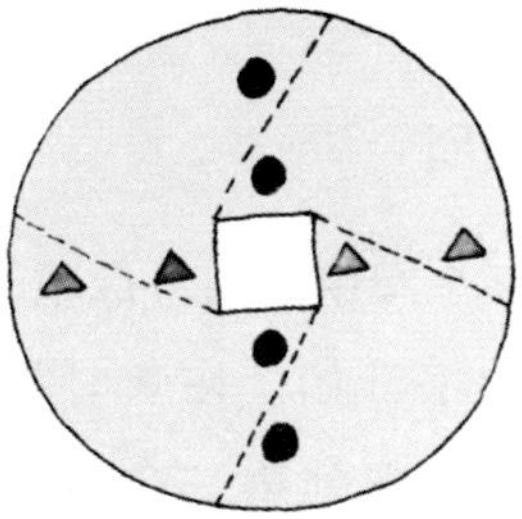

芝诺悖论

芝诺的悖论中第1处错误就是他假定无限个数的和还是无限个数，这与事实不符。

无限个数的和，例如：

$1+1/2+1/4+1/8+1/16+1/32+1/64+\cdots=2$

我们知道这是一个等比级数。

等比级数是一个数列，其首项为1，后一个数与前一个数的比值（x）相等。在上面这个例子中，x等于1/2。当x小于1时，无限项的等比级数各项之和是一个有限的数。

阿基里斯追上乌龟所跑的距离和用掉的时间可以分别看作是等比小于1的等比级数，因此他追上乌龟所跑的总距离并不是无限的，同样，所用的时间也是有限的。

假定乌龟的起点比阿基里斯的起点前10米，阿基里斯每秒钟跑1米，速度是乌龟的10倍，那么他用5秒就可以跑完一半，再用2.5秒就可以跑完剩下路程的一半，依此类推，他用10秒就能够跑完10米。

而这时乌龟才刚刚跑了1米。阿基里斯在11秒多之后在离他的起点11.1米的地方就已经超过乌龟，很轻松地赢得了这场比赛。

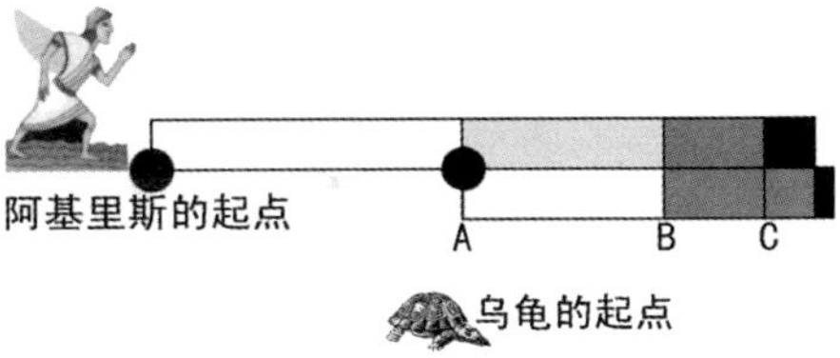

划分区域

7	1	4	4	4	3
3	5	5	3	5	2
5	5	1	3	5	0
1	4	3	2	0	5
3	0	4	5	6	4

消失的数字

消失的数字是 5。这个方框包括：

1 个 1　1（1×1）

4 个 2　2 的平方（2×2）

9 个 3　3 的平方（3×3）

16 个 4　4 的平方（4×4）

25 个 5　5 的平方（5×5）

36 个 6　6 的平方（6×6）

49 个 7　7 的平方（7×7）

和值最大的直线

8	1	6
3	5	7
4	9	2

复杂的表格

应填入 26。第一行数乘以第二行数，再加上第三行数，等于第四行数。

躲避鳄鱼

踩踏石头的顺序是 2、5、6 和 12，环在这些石头上的图案呈现出逐渐向中间靠拢的趋势。

空格内的数字

空格中应填入“#”和“*”。这个数字板上的数字实际上是按照电话号码键的位置排列的。

图配图

①B；②C；③E；④A。

做这个题时，请注意圆锥体的侧面，即扇形两边相接的部分，因为相接的角度是关键。

填圆圈

第五个圆中的问号应填 4。从左上部的数字开始。按顺时针方向移动，减去 6 得到第二个数字，这个数字除以 3 得到第三个数字，最后再乘以 4 得到第四个数字。

秀拼图

将拼图按图 1 粗线所示剪成 3 块，再如图 2 所示拼合。

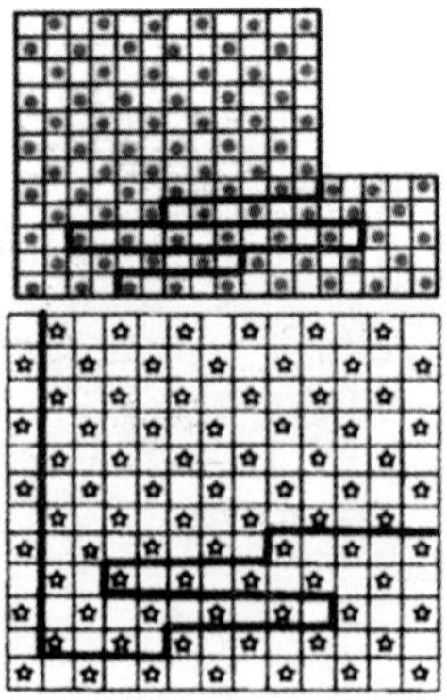

老财主的难题

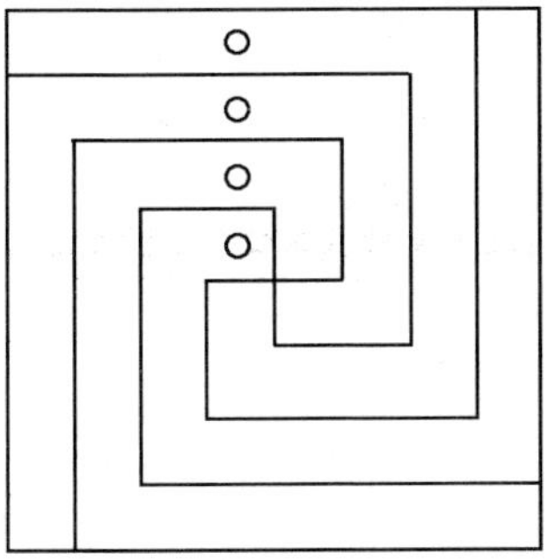

字母逻辑

Z 应该是黑色。因为所有的黑色字母都能一笔写完，白色的字母就不能。

行进的序列

答案为 1535。这是一个二十四小时钟表显示的时间，每步向前走 75 分钟。

分割钟面

如图所示。

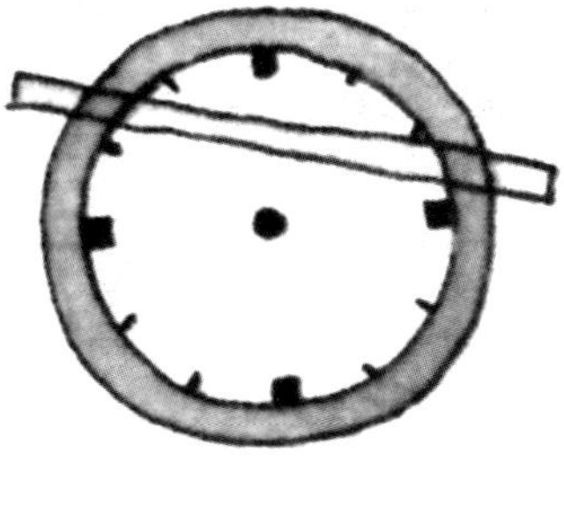

“罩不了”

图中打“×”处，就是无法被光照到的地方。照在墙壁上的光线的明暗度有差异，差异大约可分成 5 种程度，亮度顺序由大而小是 1、2、3、4。如果灯罩的内侧不是可以折射的材质的话，4 的部分应该也无法照到。如图：

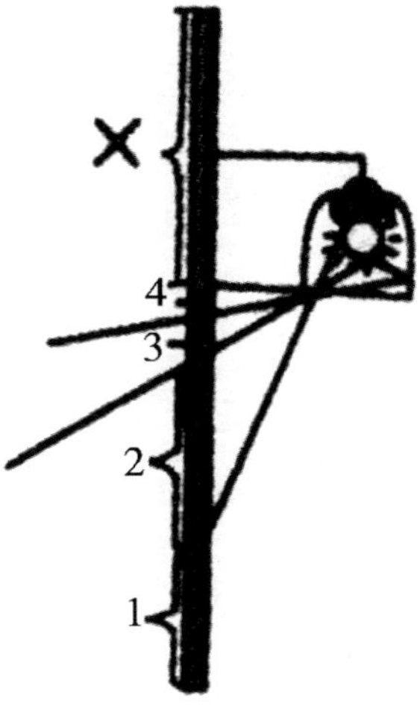

最短的路程

蚂蚁可以先从 A 点爬到 EF 的中点 M，再从 M 爬到 G 点。或者也可以从 A 点爬到 FB 的中点 Q，再从 Q 爬到 G 点……共有 6 条路线符合要求。

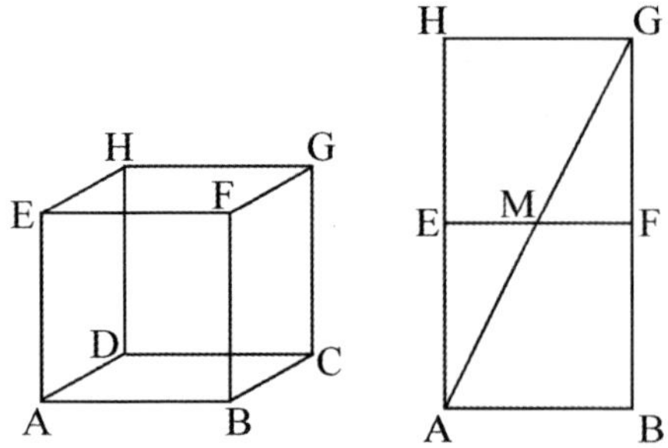

切表盘

如图所示。

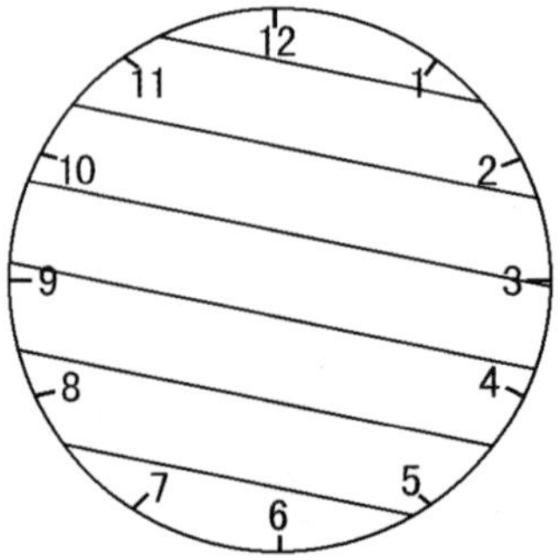

九宫格

应换成 30。按纵列进行计算，把上面的数字除以 2，就是中间的数字，再把中间的数字乘以 3，就是下面的数字。

填色游戏

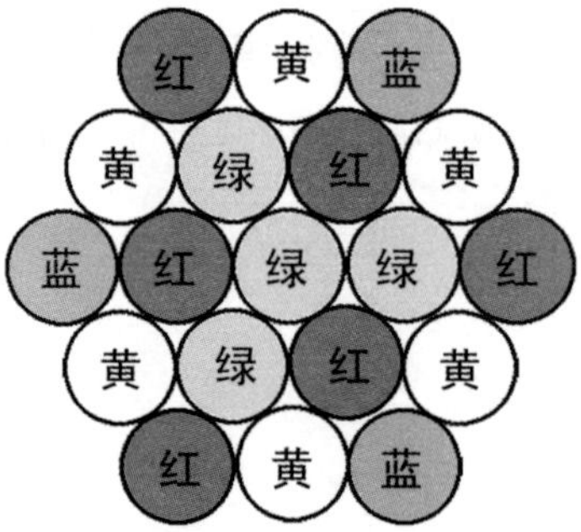

吃点心

老鼠从第 8 扇门进去，这样能一次吃完所有点心且路线不重复，其路线如图所示：

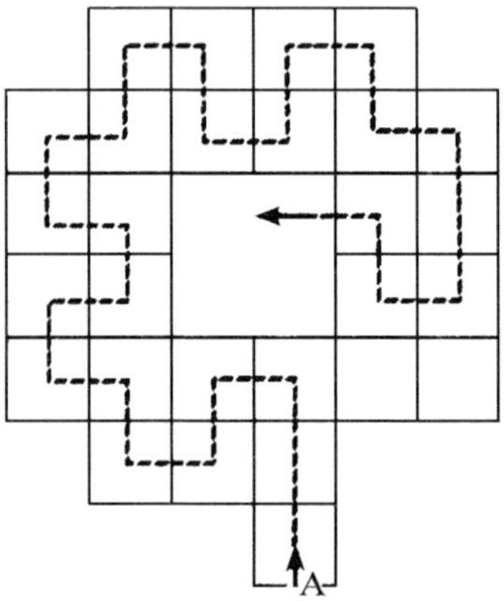

数字游戏

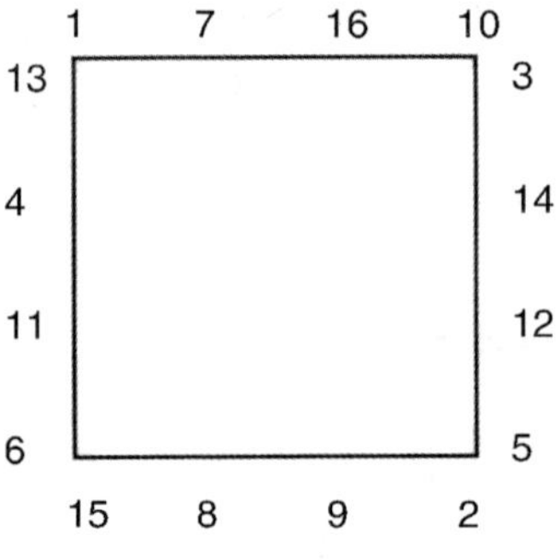

比个头

3 个人一样高。

找出相同的圆形

第四幅。